中国民族学人类学博士后论坛（2018）

Postdoctoral Forum
on Anthropology of Ethnology in China (2018)

王延中 / 主编
中国社会科学院民族学与人类学研究所

社会科学文献出版社
SOCIAL SCIENCES ACADEMIC PRESS (CHINA)

《中国民族学人类学博士后论坛（2018）》编委会

编委会主任 王延中

编委会成员（以姓氏笔画排序）

丁 赛　王 锋　方 勇　刘 泓　孙伯君

李云兵　何星亮　陈建樾　呼 和　赵天晓

徐文华　黄成龙　曾少聪

编辑部成员

程阿美　李秋娇　孙达珊　汪宇虹　曹 进　许 恰

目 录

地方性知识研究

文化防灾的路径思考
　　——围绕云南景迈山布朗族应对病虫害的个案探讨 ……… 1
少数民族"梦医生"的医学人类学解读 …………………………… 19

文化遗产研究

从陶器社到工艺美术陶厂：建水紫陶业的一段发展史研究 ……… 31
论傣族乐器光邦的象征功能 ……………………………………… 51
中国武术当代发展：机遇、困境与理路 ………………………… 67

信仰与仪式研究

游者思乡
　　——玉溪纳西族同胞"三多颂"仪式恢复的人类学解读 ……… 83
人类学视野下的清真寺聚礼仪式研究
　　——基于昆明顺城清真寺的田野调查 ………………………… 93

社会治理研究

西双版纳傣族生态文化保护的财政补偿问题研究 ……………… 105
社会治理视角下滇西边境片区反贫困的现实路径 ……………… 118

乡村旅游、精准扶贫、遗产保护语境下的乡村发展
　　——以大理莿村为例 ………………………………………… 137

文书语言研究

丝绸之路上传播的佛经"雁衔龟"故事语言特点研究
　　——以我国清朝时期西域察合台文献为例 …………………… 157
达斡尔语海拉尔方言词末弱短元音实验研究 ………………… 188
汉夏契约文书"立契理由"之比较探源 ……………………… 194

地方性知识研究

文化防灾的路径思考

——围绕云南景迈山布朗族应对病虫害的个案探讨[*]

郭静伟[**]

摘　要：现代化背景下传统的地方性知识在一定程度上失效，但仍然具有乡村治理、心理抚慰和稳定结构的社会功能；而现代化的专家系统主张对症下药，却有"头痛医头，脚痛医脚"的单向度指向。同时，环境适应性变迁的动力正在促进传统地方性知识和专家系统结合为人类服务。云南省普洱市芒景村布朗族社区在面对严重病虫害的情况下，现代技术规范和以传统文化知识为依托的动态文化防灾路径值得借鉴，即以当地传统地方性知识的文化持有者为主导，以社会文化整体性感知和相对性价值为核心理念，以社会自组织的防灾体制为稳定保障的防灾体系，但这一重要的本土文化体系仍面临"以科学之名"的替代性危机。

关键词：文化防灾；病虫害；灾害人类学

---

[*] 本文受云南生态文明研究中心和云南大学西南环境史研究所资助，是云南民族大学民族学博士后和云南省教育厅科学研究基金项目"澜湄合作背景下中老跨境农耕文化传播研究"（项目编号：2017ZZX042）的工作成果。

[**] 郭静伟，满族，云南民族大学民族学博士后科研流动站博士后，云南农业大学人文社会科学学院讲师，研究方向为农业文化遗产与跨境农业。

一 提出问题

灾害是自然的还是文化的？从早期被界定为"上帝的行动"或"没有人能够为此负责的事件"，到学界以社会和文化为核心构建理论，从国外的 Anthony Olive-Smith 指出"灾害发生在自然和文化的交界面，常常以戏剧性的方式表明它们如何相互建构"[①]，再到国内李永祥借由"致灾因子在生态环境脆弱性和人类群体脆弱性相结合的条件下产生的打破社会平衡系统和文化功能"[②]的界定，人类对灾害的认知正转向以社会文化为核心的理论建构。从社会实践层面来看，"灾"因人的卷入而成"害"，人的文化失效及其过度偏离生态是主要的致灾因子，已为人类社会文化感知并获得合理化解释的灾害经由文化与环境的动态调适形成不同的防灾文化和文化防灾传统。因此，灾害既然是由人的文化所"起"，当需文化参与来防治。

然而，在现代化导致剧烈变迁的背景下，传统地方性知识从外而内被替代以致遗失，但其防灾减灾、乡村治理、心理抚慰和稳定结构等多层面的社会功能并未失效；同时，现代化的专家系统虽然对症下药，却有"头痛医头，脚痛医脚"的单向度指向。尽管有少数学者[③]以理论和

[①] 〔美〕安东尼·奥利弗-史密斯著，纳日碧力戈译：《灾难的理论研究：自然、权力和文化》，《西南民族大学学报（人文社会科学版）》2011年第11期，第1~11页。

[②] 李永祥：《什么是灾害？——灾害的人类学研究核心概念辨析》，《西南民族大学学报（人文社会科学版）》2011年第11期，第12~20页。

[③] 杨庭硕、田红：《本土生态知识引论》，民族出版社，2010；杨庭硕：《苗族生态知识在生态灾变中的价值》，《广西民族研究》2007年第5期，第24~33页；罗康隆：《族际文化制衡与生态环境维护：我国长江中上游山区生态维护研究》，《云南社会科学》2013年第3期，第100~105页；瞿明昆、韩汉白：《云南永宁坝区摩梭人应对干旱灾害的人类学研究》，《云南师范大学学报》2013年第5期，第20~26页；李永祥：《傈僳族社区对干旱灾害的回应及人类学分析——以云南元谋县姜驿乡为例》，《民族研究》2012年第6期，第55~63页；李永祥：《傣族社区和文化对泥石流灾害的回应——云南新平曼糯村的研究案例》，《民族研究》2011年第2期，第44~55页。

个案等形式指出传统文化在防灾减灾中的实践价值和重要意义,但在现实中防灾文化尤其是地方生态知识往往被忽视。如以病虫害为例,CNKI 有 60000 多条文献是关于病虫害的特征和防治的,其中对于茶树病虫害的防治,云南省农业科学院茶叶研究所的专家主张大力发展生态茶园,为茶树病虫害天敌营造适宜的生存和繁衍环境,开发引进生物农药,提高非化学防治措施对茶树病虫害的控制能力①。这一信念直接影响其介入景迈山茶树病虫害防治的策略建议。是否防灾减灾只能相信科学而以"迷信"之名否认一切传统知识?文化介入防灾减灾的路径应如何根据区域差异与族群意愿而进行选择?

本文以云南省普洱市芒景村为例,对布朗族社区的病虫灾害回应方式进行了深入研究,认为该地区现代技术规范和以传统文化知识为依托的动态文化防灾路径值得借鉴,即以当地传统地方性知识的文化持有者为主导,以社会文化整体性感知和相对性价值为核心理念,以社会自组织的防灾体制为稳定保障的防灾体系,而这一文化体系也因未能免除现代科学对其的诟病而面临危机。

二 专家系统:防治病虫害要科学不要迷信

故事引发于 2011 年 11 月 10 日晚上外来茶学专家、民族学专家与村民的碰撞。景迈山芒景村布朗族老人在村委会主任小南坎和本土文化精英苏国文的主持下召开了芒景古茶保护协会会议,主要是商量如何解决近两年的茶叶虫灾问题。参加讨论的有云南省农业科学院茶叶研究所(以下简称茶科所)的专家一行 3 人、云南大学民族学专家一行 7 人。讨论中,茶科所专家强调这次病虫害不是由什么神鬼引起的,村民要相

---

① 汪云刚、王平盛、凌光云:《加强茶树植保,保持云南茶叶中农药残留量全国最低》,《中国青年农业科学学术年报》2002 年第 6 期,第 224~226 页。

信科学，这些虫灾其他地方也出现过，在科学上也有记载，不要搞迷信。民族学家的观点是应该尊重当地人的意愿，他们并没有抵制科学，也不需要强行让他们接受"相信科学，不要迷信"的观念，从而完全禁止他们"驱鬼灭虫"的传统做法，因为这也具有一定的功能和意义。

芒景村位于云南省普洱市澜沧拉祜族自治县惠民哈尼族民族乡，其千年万亩古茶园的文化景观是世界景观遗产价值论证的重要组成部分。芒景村在惠民乡政府之南，走保护古茶而选择的29公里弹石路需要一小时车程。全村有翁哇、翁基、芒景上寨、芒景下寨、芒洪、那耐等6个村民小组，有农户622户2562人，其中布朗族人口2436人，占全村人口的92%，是一个典型的布朗族村①。全村辖区面积94.6平方公里，海拔1700米。全村耕地总面积是6189亩，包括水田2238亩，人均耕地2.4亩，林地56790亩，其中茶园面积19369亩，被称为"千年万亩古茶园"。

虫灾发生于2010年的春茶采摘季节，当时，芒景人普遍发现茶叶的异样。据村书记南康描述：开始是花花的虫子，晚上出来吃茶树，因为白天会发现茶叶一片一片地被吃光了。白天它就缩成一团，因为外表光光的，可以抓下来用脚踩死。台地茶上是"茶天牛"比较多，古茶树上是"茶小卷叶蛾"比较多，一般2月就出来了，三四月最多，专吃春茶，一吃吃一半叶子，而且有毛，碰到的话就浑身痒，不敢拿手抓。6月就不怎么见了，到了冬天自然就消失了。造成的直接后果就是茶价下降、产量下降。另外这些虫子和往年不同，不是本地的虫子，一时也没有办法消灭干净，村民就向上反映了这种情况。由于现在茶叶经济是村民的主导生计，这引起了当地百姓和政府的极大重视。以老人组织为首的民间力量首先展开行动，他们出于传统文化对灾害的认知采取

---

① 来自芒景村委会：芒景村基本情况，2010年。

了相应对策，而在政府的主导下专家系统同时启动，要求村民配合调研和科学灭虫。

茶树病虫成灾为害首先是由茶叶生计及其经济地位决定的。随着中国食品消费结构变迁带来的"隐形农业革命"① 进程以及卷入全球化风险社会，农业越来越多地从低值的谷物生产转向高附加值作物生产，茶这种经济作物就是这样开始替代了景迈山芒景村布朗族以谷物为主的自然农业。茶价从最初的几毛钱升至2003年的万元竞拍，可谓"一两黄金一两茶"。普洱茶如同脱缰的野马，拉着景迈山布朗族一头就冲进了全球化的峰顶浪尖。

2010年的虫灾很快就引起了政府以及关注芒景村的社会组织的重视，在政府和社会组织（如荷兰禾众基金会）的帮助下，邀请了茶科所、茶叶技术服务中心和云南农业大学的三拨专家来进行调研，给出解决方案并开展技术培训。

2011年4月2日，茶科所副研究员汪云刚、勐海县茶叶技术服务中心陈主任、茶科所冉主任一行5人，在芒景村书记南康、大学生村官邱捷的陪同下对芒景村哎冷山古茶园病虫害做了实地调查研究。

茶学家从科学角度进行病虫害知识科研和对策分析。通过分析现场采集及请百姓早期采集的害虫标本，专家组对害虫进行了研究鉴别，认为这次芒景村古茶园主要病虫害是由茶茧、茶黑毒蛾、茶衰蛾三种引起的。茶科所副研究员汪云刚认为，芒景爆发病虫害的原因有三个。第一，单一化种植和过度开发如采摘过度甚至砍树等导致茶树抵抗力减弱。第二，环境破坏导致病虫天敌逐渐减少，外地病虫害有机会入侵。第三，连续三年遭受冬春干旱，温暖的冬季使病虫存货量过高，加上不

---

① 农业从低值的谷物生产转向越来越多的高值肉禽蛋奶和（高档）蔬菜与水果等高附加值作物的生产。见黄宗智《中国的隐形农业革命（1980~2010）——一个历史和比较的视野》，《开放时代》2016年第2期，第11~35页。

修剪、不施农药化肥等不管理的传统做法，造成了连续两年的病虫危害，直接影响了当地茶农的经济生产。同一座山住山腰平坝的傣族岩永[①]介绍说："古茶树平常都是不管理、不施肥、不打药的。有虫害，把虫子抓了放进竹筒里，春死，放后烧，这种大虫灾400年一次。这些年来，可能是近三年气候干旱的原因，去年雨水也比较少，今年才有点病虫害。春茶的虫子多的话，以前我们老人会用土办法整，很早以前的风俗习惯了，就是各种各样东西都拿来献饭给神鬼，效果也会好的。手工抓不完的话就得想办法，雨水茶不采的话虫会少点。也许是因为茶采得多的话叶子就越来越少，抵抗力就弱，而雨水茶还不养的话，叶子留不住，就会生虫。我们采摘一般是抵（采）两叶留一叶。如果茶采得又多，夏天也采，茶树得不到休养就会虫子多了。"

根据对这一病虫害的原因分析，茶学家给出的对策是先强调这次病虫害不是由什么神鬼引起的，村民要相信科学，这些虫灾其他地方也出现过，在科学上也有记载，不要迷信，然后就如何防治病虫害的再次蔓延做了培训。培训的主要内容有三个方面：第一，通过人工的方法将虫采集后焚烧，采茶时一旦遇到就将虫体处理，但采茶时要注意不能将茶采得太光，应保留一些叶片，以免茶树整株死亡；第二，可以使用诱光灯扑杀；第三，可以使用无公害农药进行处理。

同年5月，在荷兰禾众基金会和云南农业大学相关专家的帮助下，云南澜沧县惠民乡芒景古茶专业合作社开展了"普洱茶古茶园保护与可持续发展芒景项目培训班——芒景古茶虫害识别及防治"和"茶叶采摘技术"等主题的技能培训，详细地教村民识别茶天牛、茶毛虫、茶蚕等10种害虫以及蜘蛛、蜻蜓、螳螂等11种益虫，提出益虫要保护。害虫的防治方法有四种：一是生物防治方法，主要是一些经过有机认证的

---

① 岩永，男，傣族，1971年生人，芒梗村民小组组长，2011年11月15日访谈。

真菌杀虫剂、植物杀虫剂以及病毒杀虫剂等,还有天敌昆虫,比如上述的益虫;二是物理防治方法,如昆虫信息素、灯光诱杀;三是农业措施防治方法,清除茶园杂草、剪除病虫枝叶、采摘茶叶时除虫、人工捕杀;四是化学防治方法,如阿维菌素、苦参烟碱(有机认证)、灭幼脲等。

对于茶学家的病虫害说明和防治培训,部分村民回应道:"因为古茶我们都不打药,现在有这么多虫,外边专家就建议在老茶林做灭虫灯。可那太难了,投入又大,我们山上哪里方便支电线杆来拉电,那些不是飞虫,是爬虫。那些虫白天又很见不着。专家叫我们晚上去捕,根据捕到的虫子还要做笔记,然后给他们看。光这样不行,还是要结合用我们的老办法,像古时候老人做祭祀一样……"请注意,这里村民说的是科学与老办法"结合",他们并非不配合,却也表示了按照传统就是不想给茶树打药,另外灭虫灯不适合漫山遍野的山地古茶林。这些可能是茶学家、农学家在针对地方差异提出对策建议时需要考虑的,而不是拿出一套适用于四海的科学谱系来否定地方性知识及其持有者。

然而,芒景布朗族传承至今的种茶、制茶和生态保护知识,被以传统之名放诸博物馆和茶祖庙,外界力量宁愿以"迷信"之称而将之封存于历史,"卷进了我所依赖的一种或专家系统之中"[1]。所谓专家系统,正如吉登斯所言,"由技术成就和专业队伍所组成的体系"[2] 的专家系统通过"跨越伸延的时－空来提供预期保障"[3],成为推动当地现代性的动力机制。在芒景病虫害防治过程中,分别有两类专家被聘请到村中,一是来自云南农业大学的农学家,通过调查和技术培训来帮助消除病虫害;二是来自茶科所的茶学家,通过科研和辅导给予防治茶树病

---

[1] 〔英〕安东尼·吉登斯:《现代性的后果》,田禾译,北京译林出版社,2000,第24页。
[2] 〔英〕安东尼·吉登斯:《现代性的后果》,田禾译,北京译林出版社,2000,第24页。
[3] 〔英〕安东尼·吉登斯:《现代性的后果》,田禾译,北京译林出版社,2000,第24页。

虫害的技术支持，但表达了当地村民"迷信"的观点，并劝解其相信科学。这两类专家系统都直接或间接地从高处表达了"科学有用"而否定本土传统及其持有者的观点，这也是农业技术推广领域普遍存在的"唯科学论"和"唯技术论"现象。

从技术层面看，当下不少人都还坚持病虫害的发生和防治是一项纯粹的"技术活"，一旦经过科学识别、生物防治、物理和化学防治，病虫害就会自然消退根除。持这种观点的人忽视了任何经济生活样式都需要与一定的社会文化背景相匹配，与生计相关的灾害应对策略也需要有匹配支撑的社会文化体系。任何技术手段都无法脱离自然环境和社会文化的整体性而游离存在。

当然，还有少数专家如云南大学的民族学家认为村民并未抵制科学，同时认可"传统文化"防灾的功能作用，从"弱势学科"的视角回应了村民的"弱势行为"。由于申请世界遗产、农业遗产和特色小镇等国内外认证，来自各种权威机构的专家系统涌入景迈山，表达了对同一件事的不同看法，同时也给了村民和政府不同的理解视角和合理化解释。这其中，最为重要的还是村民自己的认识，尤其是那些夹在各种缝隙之间的村民的解释。访谈中，芒景村党支部书记南康和村主任南海明告诉我，作为布朗族的一员，他们对于老百姓在老人带领下搞送鬼仪式来驱虫的做法的态度是不干涉、不反对，但还是要以布朗族农民的身份参加，不然心里不踏实，老人也不会高兴，如果效果不好可能还会因此被埋怨。

经济生活/生计要发展，不仅要外显于成套的技术规范及与之匹配的社会组织和制度，更需要配套的观念形态与价值取向。同样的，灾害的防治策略，不仅需要针对性的防治技术及相应的社会应对机制，更是核心信念与价值的再认知和强化，以及主体参与并集体赋能的过程，而这正是传统文化防治病虫害的机理所在。

三 本土视角：传统文化对病虫害的认知、对策和功能

茶树病虫害的应对策略是由对病虫害的认知决定的。传统文化中并没有对大面积爆发病虫害的解释，依据经验判断并非本地病虫的时候，他们本能地将其视为有鬼作怪，对策是做驱鬼仪式，看起来正如茶学家所说，他们选择了"迷信"和"荒谬"。那么，真的就是这样简单吗？以下从传统文化的认知、对策和功能三个层面进行分析。

（一）传统文化对病虫害的认知

传统文化对病虫害的认知可从灾害原因分析、对"虫吃茶"的理解及其核心生态观等三个方面进行分析。

作为文化精英的布朗族老人苏国文分析了茶树病虫害爆发的主要原因是环境的整体破坏。他说："我认为现在虫灾很严重，主要原因是人为的环境破坏。因此要保护古茶，不仅要保护茶树，还要保护茶树生长的森林、动物，它们是茶树的保护神。比如鸟、马叉蜂、蝙蝠还有蜘蛛，这些都是生命，被人杀害了，所以不能人为捕杀。"

布朗族老村医苏文新[①]则表达了对传统观念中茶虫保护茶树和现在外来虫的"鬼"作怪的现实理解。他指出，布朗族语言中［gao ba la］三个音节——对应着虫吃茶，意思是害茶叶的虫。本来在布朗族传统里，虫吃茶是对茶叶未来好的，把那些抵抗力差的茶叶都吃掉，留下茁壮、好的茶叶来给人吃。他说："我的爷爷就说，虫吃茶说明以后要好，这是自古以来大自然告诉我们的预兆。但是这两年太多了，还不是我们这里的虫，一定是有"鬼"作怪了。放到现在来说，这个鬼就是人们

---

① 苏文新，男，布朗族，1965年生人，曾是芒景村医，2011年11月访谈。

没有保护好环境，过度开发茶叶，环境就报复我们了。"

在布朗族的传统生态观念里，人与自然需要借助神鬼来沟通。布朗公主客栈家老人讲述的有关人－神－自然关系的神话传说颇有启示："以前森林里所有动植物跟人一样都会说话，人打猎的时候动物会叫嚷吵闹，人砍柴的时候植物会哭泣哀求。人类经常很害怕很不安，神就出来调解，说人和自然需要互相帮助，大自然要给人类提供生存所需的食物以及柴火，但人类只能在生存需求范围内索取，否则就会受到神的惩罚。从此动植物就不讲话了，默默为人类奉献。而人类为了表达敬畏和感激，做什么都要念给神听，还要献祭品，比如饭和肉。这就是你看到我们到今天尤其是出现问题的时候必须给神献祭的原因。"

当然，村民也认识到病虫害防治需要文化和科学一起发挥作用，村民伍丁门[1]提出："去年送完鬼后虫灾有减轻，但还没有根除，今年如果虫灾继续，就要根据专家的建议打药进行除虫。"除了送鬼，也要结合科学手段。

（二）传统文化对病虫害的对策

苏国文[2]作为芒景寨子布朗文化园的管理者，在寨子里颇有文化影响力，他向我们介绍了防治虫灾的传统方法："以前对付虫灾有两种办法，一个是人工消灭，就是等虫出来就'敲'（音为［kao］，意为敲树枝），掉下后抓起来集中烧掉。一个就是搞祭祀——现在老百姓说的'送鬼'。做'送鬼'仪式，就是教育老百姓不能乱杀生、乱砍树，保持良好关系，这样各种鸟多了，虫就少了。森林在了，茶叶也好生长了。"

---

[1] 伍丁门，男，布朗族，1967年生人，芒景下寨村民，2011年11月14日访谈。
[2] 苏国文，男，布朗族，1945年生人，被称为"布朗王子"，因他父亲是芒景布朗族末代头人苏里亚。

文化防灾的路径思考

作为主持祭祀组织成员的老人伍丁南①则说对付虫灾这个事除了"送鬼",还要祭祀山神、森林王、土地王和茶神,然后看鸡卦,看卦是不是服②了这件事,他介绍了整个过程。

第一,参加的人。因为虫灾要"送鬼",寨子里每家派一人去参加。先召开群众大会商量日子,老人选地点要用谷子测试,问天神让他们在哪里做(仪式)。由祭师康浪丙主持。

第二,做仪式的地址。地址由抽谷子测算。虔诚地准备好祭品,祭师边抽签边念经,奇数就不行,比如茶魂台就没求到那个偶数,要抓到偶数才可以。最后抽在哎冷山龙洞门口。

第三,做仪式的过程。杀两只鸡,由老人围着一片裁剪过的芭蕉叶,芭蕉叶上先洒鸡血、鸡毛,按东南西北中五个方位放上米饭五块,另外还放泡过的茶叶、谷子粒、烟草、熟肉、芭蕉叶,旁边树立一小段竹筒,竹筒顶端有倒圆锥形的竹篾小筐,里面盛放有竹叶、米饭等,手拿点燃的蜡条诵经。芭蕉叶要用家附近的,叶片要光洁没有虫害。芭蕉叶和竹筒两件祭祀物叫作"dongbran"和"doubanna"。挂在家里的辟邪物是"daliao",用茅草缠绕七层,竹片从不同方向斜插入七片,后面横插一段刻有傣文经文的"mai",寓意死后七天。"daliao"编织有许多网眼,意思是鬼看到眼很多,不知道从哪里进来,就只有跑了。

第四,祭祀的结果和解释。两只鸡用来看两个鸡卦,一个看了是"芒目",说今年差不多会干净了;另一个是"芒目冬",说是(虫)会留下一点儿,但不太多。明年还有,但不太严重了。如果蔓延,就得再做一次醮。最后由老人跟大家解释说明,要求村民保护好环境,不能打猎,保护古茶树,不能过分采摘甚至砍伐树木。

---

① 伍丁南,男,布朗族,1962年生人,芒景下寨村民,2012年4月18日访谈。
② "服",云南方言,表示适应、解决等意思。

（三）传统文化防治病虫害的功能

传统文化防治病虫害的功能首先体现在心理安慰和恢复生态观层面，正是吉登斯观点的现实呈现——"人的生活需要一定的本体性安全感和信任感，而这种感受得以实现的基本机制是人们生活中习以为常的惯例（routine）"[1]。文化精英苏国文对传统防治病虫害方式进行了评估："搞完仪式后，效果还是有点儿的，一方面是好的卦象能让老百姓安心，老人也能把我们布朗族的礼信传下去；另一方面主要是大家组织起来一起想办法灭虫，同时也提醒我们不能只种茶不种粮，粮食才是根本。"传统文化通过原始宗教——万物有灵祭祀来恢复人们对自然和茶树的敬畏心理，以集体仪式重申动物和森林保护，呼吁采取行动——抓虫的同时禁止砍树、打猎和过度采摘茶叶，进而抑制环境恶化，减少虫灾。对此苏国文继续说："其实保护不保护动物、森林在具体上好像与生产没有关系，但这种信仰产生了敬畏的心理，进而形成好的行为习惯。"

传统文化防治病虫害的功能还体现在社会管理层面，苏国文称之为内外管理。内管理是信仰管理，即用传统的、神圣的宗教来教导百姓共同保护好寨子、环境和茶树；另外还有外管理，比如法律、政策等国家化管理手段。他认为："光用外管理不行，还要用内管理来让老百姓像祖先一样敬畏大自然。"村主任南海明[2]作为村寨管理者，也认为原始宗教具有组织和管理的独特作用："以前山上多少大树都被村民砍回来盖房子了，现在国家出台管理政策，为了教育村民不要砍树，我就说这是祖先哎冷给的神山。另外布朗人死后就烧了，随便上山找个地方就埋

---

[1] 〔英〕吉登斯：《社会的构成：结构化理论大纲》，李康、李猛译，三联书店，1998，序言第8页。

[2] 南海明，男，布朗族，1970年生人，芒景村委会主任，2011年11月10日访谈。

了骨灰，如果乱砍树的话家里人会得病，甚至会疯。这些都是有先例的，老百姓还是怕呢。所以说光是国家政策不管用，还得加上宗教来管理。这个恢复传统文化比村规民约还灵。"他举出蜂王树的例子证明，在驱虫仪式所在地龙洞附近有一棵蜂王树，茶树的保护神之一马叉蜂生活在那里。高高的树上每年都会结许多大大小小的蜂巢，人们不会去碰这些蜂巢，据说有神在上面，由此也保护了这些马蜂，也保护了茶虫的天敌。如果哪一年马蜂来得少了也要做仪式，马蜂俨然成为当地环境问题的预兆。

传统文化防治病虫害的功能还体现在集体赋能和社会参与层面。该仪式要求每户至少出一人参加，以老人为主导的村民参与性较高，这场集体活动强化了保护环境的生态观和选择多样化生计的保障，凝聚了民族力量和责任心，在恢复良好的社会关系的同时整合了全族资源来应对灾害。

总之，不能简单将传统文化防治病虫害视为迷信的仪式，传统仪式折射出更深层的生态逻辑和价值观。首先，平等的价值。万物有灵的传统信仰背后是一切生命平等和敬畏生命的态度，只有在所有生命都是有灵性的和神圣的时候，才合乎伦理，人应该承担对自然生命该有的责任和义务。其次，敬畏与节制的价值。改变人的单一价值取向，回归人和自然二元价值的双重重视，即承认自然对人的使用价值和工具价值，同时更加强调自然具有不以人的意志为转移的内在规律。由此，对自然应有敬畏，人的行为需要受到约束和节制，重建人与人之间、人与自然之间融合的关系。最后，自由的价值。从单向度的人回到多向度的生活世界，重获"实现各种不同生活方式的自由"，即可行能力[1]。

---

[1] 〔印〕阿玛蒂亚·森：《以自由看待发展》，任赜、于真译，中国人民大学出版社，2002。

四　以器载道：承认并尊重本土生态知识的科学性与合理性

《周易·系词上》云："形而上者谓之道，形而下者谓之器。"如果将防灾技术视为器的话，防灾文化则可视为道。在现今高新技术与大数据结合主导灾害防治的时代，凡防灾应急必讲工程设备、紧急救援和避难的技术。在CNKI查阅"灾害防治"有万余篇文章，而"灾害文化"仅有200篇，科学技术作为器已经压倒了社会文化尤其是民族本土生态知识的道。在生态危机和风险社会引起全球关注的当代，大量的"专家系统"仍秉持只需科技手段和经济激励就能防治生态灾变的理念，过分强调科学而抵制"迷信"，这本身也日益演变为一种"对科学的迷信"。无视甚至全盘否定本土知识和民族文化，缺少系统整体的眼光，最终可能变成"头痛医头，脚痛医脚"，"无意中摧毁了最终能够缓解生态危机的根基，具体表现为扭曲和窒息各民族本土生态知识的传承"。没有这种社会文化系统支撑做基础，再高超的单向的技术措施都无法发挥预期效益。

因此，当代生态危机以及各种生态灾害防治失效的背后隐含着本土生态知识的传承危机。杨庭硕认为指导思想和研究者目标偏离的实质在于"不承认本土生态知识是一种科学，而是把本土生态知识看成纯粹的传统，更没有注意到这些本土生态知识在当代的维护价值"[1]，进而得出结论"不做根本性的观念转变，不将本身是人类科学组成部分的本土生态知识视为科学，那么本土生态知识传承就会一误再误"[2]。从布朗族的个案中可以看出，灾害防治至少在以下四个层面与文化高度相关：

---

[1] 杨庭硕、田红：《本土生态知识引论》，民族出版社，2010，第164页。
[2] 杨庭硕、田红：《本土生态知识引论》，民族出版社，2010，第167页。

文化感知灾害、文化失效致灾、文化偏离致灾和文化回归减灾。芒景布朗族的病虫害防治过程中科学与传统之争，启示我们文化防灾的路径思考，以下从几个层面展开讨论。

（一）文化持有者的灾害感知

病虫害对古茶树实体的危害，转嫁到以茶为生计的布朗人身上，由此，对古茶树的保护、对病虫害的防治与文化上的保护交织到了一起。利用民间信仰来保护古茶树和其生长的环境，一方面反映了布朗族与茶的密切关系，另一方面反映了民间信仰的生态人类学意义：以民间信仰或者说原始宗教为基础的禁忌，反映了布朗族文化的整体观——万物有灵，神山、神树、神水都是要祭祀崇拜的对象。通过信仰仪式来把观念转化为集体行为，再用集体行为强化集体信仰，进而产生禁忌，形成社会事实，达成集体目的。在这里，文化持有者进行了集体选择，即结合宗教和科学的不同方式来达到防灾与生存的集体目标。

通过"驱鬼灭虫"和专家系统的科学建议，村民已经认识到病虫害的原因——从20世纪50年代开始至今的茶树扩种、几近单一化种植，到连年干旱以及茶叶市场兴旺带来的过度开发，都破坏了原本和谐的传统生态系统。一方面造成茶树的抵抗力下降；另一方面造成动植物减少，尤其是鸟类和多种植物的减少，使害虫缺少天敌故而泛滥。应当承认，过去传统的"土办法"在某种程度上抑制了百姓乱砍滥伐乱打猎，更为重要的是，"传统"充分调动了文化持有者的族群力量和主体能动性，通过驱除"破坏环境"的"鬼"给予生态修复和心理安慰，同时自发地施展了社会文化的疗愈功能，促进了社会稳定。

（二）文化整体性和相对性价值的失效致灾

社会文化具有地方性和整体性，伴随着适宜当地自然环境的相对性生态价值。反过来说，如果社会文化的整体性丧失和地方性失效，这同时意味着对自然环境的不适与灾患，需要对社会文化变迁进行调适和防范。这是文化防灾语境下潜在的核心理念。正如罗康隆所说，"各民族传统文化正常运作的丧失导致了当代人类社会所面对的生态危机"①。如今面对现代化大规模的普洱茶商业开发，芒景村布朗族防治病虫害的"土办法"的效果似乎不那么理想，这时外部的专家系统力量进入指导，老百姓也没有排斥，反而是觉得做仪式，再结合科学手段，效果就更理想了。如村民伍丁门所说："去年送完鬼后虫灾有减轻，但还没有根除，今年如果虫灾继续，就要打药进行除虫。除了'送鬼'，也要结合科学手段。"这与布朗族生病或者车祸等意外发生时，一边在家做仪式，一边还是要送去医院做CT、核磁共振、手术等检测和治疗如出一辙。

当传统变得不能应付新情况时，正如萨林斯提出变迁是"失败的再生产"②，传统文化没有告诉他们要怎么办，那么只能进行调适的"地方性生产"，加上政府邀请专家来驱虫，这使传统文化体系的重塑成为顺理成章的事。

当理论层面已从帕森斯传统与现代的对立结构转为近代传统与现代并存的理论共识，中国乡村的传统却依然不得不面对"现代性的后果"③，地方性生态知识和社会关系被动失效，技术性知识产品以"科学"之名挤压传统防灾文化，文化的整体性和相对价值及其持有者都遭遇专家系统的"脱域"动力和大众批判。对地方性知识的全面否定以及对科学的过度"迷信"同时存在，导致本土生态知识的活态传承困境，更有可能引发不可逆转的生态灾变，需要引起重视。

---

① 罗康隆：《文化适应与文化制衡》，民族出版社，2007，第64页。
② 庄孔韶编《人类学经典导读》，中国人民大学出版社，2008，第641~642页。
③ 〔英〕安东尼·吉登斯：《现代性的后果》，田禾译，译林出版社，2011，第25页。

（三）文化偏离致灾与文化回归减灾

建立于人类文化有限性基础上的文化对生态的偏离具有必然性，但是文化自身也在不断积累文化回归的策略和经验。罗康隆提出文化偏离扩大化和叠加积累酿成生态失衡或生态灾变，同时他也提出文化防灾的可能路径——"由于文化自身兼具偏离与回归两种倾向，有效地调动文化的积极因素完全有可能切断偏离扩大化和叠加的渠道"[1]，即文化尤其是其持有者具有能动性，出于生存动机而主动地进行文化适应是防治灾害的可持续性路径。因此文化防灾的关键在于启动差异化的族群文化自觉，只有承认并尊重本土生态知识并调动作为文化持有者的广大民众参与，才能在全球风险社会的大背景下将其调整为符合时代要求的新型文化适应和文化制衡，推动可持续发展的自组织和自循环。

灾害防治是一项具有综合性和地方差异性特征的长期系统工程，且与族群生计和区域化生计转型调整相关，因而只有动用与环境动态调适就有长期稳定能力的社会力量，才能有效并持续性应对各种阻碍，最终完成生态适应的社会系统工程。这就是文化防灾的内涵。

尽管本土生态知识面对新情况时在一定程度上失效了，但仍然具有心理安慰、社会管理和集体赋能的社会功能，而现代化的专家系统虽然对症下药，却有"头痛医头，脚痛医脚"之嫌。适应性变迁的动力来自环境的改变，乃生存压力使然。这时传统地方性知识和专家系统应该结合区域差异和族群意愿选择性和综合性地为人类服务。

综上所述，形而下的科学技术之"器"是形而上的社会文化之"道"的基础和依托，离开"器"的"道"是片面的、局部的，是有缺陷的和缺失支撑的，而"道"的发展将"器"的存在纳入新的空间和

---

[1] 罗康隆：《文化适应与文化制衡》，民族出版社，2007，第80页。

领域。灾害防治应以当地传统地方性知识的文化持有者为主导，以社会文化整体性感知和相对性价值为核心理念，以社会自组织的文化回归的防灾体制为稳定保障，融合成以现代技术规范和传统文化知识为依托的动态文化防灾路径。然而，尽管我们都明白道与器相互渗透、相互补充的道理，但这一道路还很漫长，要扭转当前灾害防治中"重器轻道"之弊非一日之功。只要各民族传统文化的主体地位和传承问题没有得到合理解决，发挥主体性进行道器并重、以器载道的文化防灾路径作用就难以落实。

少数民族"梦医生"的医学人类学解读

段忠玉[*]

摘 要：在现代医疗强势进入民族地区的情况下，传统"梦医生"治疗依然存在并活跃于少数民族村寨中，人们在接受现代医疗的同时，也在寻求着传统文化对病痛的诠释。为了应对现代医疗所无法解决的"疑难杂症"，人们对"梦医生"治疗产生需求。"梦医生"不仅治疗患者的身体，更能帮助患者对本社会文化的调适。本文结合在云南少数民族地区田野调查的案例，对"梦医生"实践现状和存续背景进行分析。在未来一段时间里，现代医疗与少数民族医疗仍然会共存，"梦医生"神谕治疗作为传统民族民间医疗传承方式之一，依然将发挥重要的衔接作用。

关键词：少数民族；"梦医生"；医学人类学

"梦医生"这一说法是杜玉亭先生在 2010 年首次提出来的，是指少数民族民间一部分治疗者，他们大多不识字，年龄也不大，阅历也不多，并没有通过师傅或者家族传承的方式获得传统医药知识，而是通过很神奇的方式，如梦境或者一场重病后获得治病能力。"梦医生"与巫医一脉相承，但又有些差异和改变[①]。田野中调查的三位"梦医生"一位是男性，两位是女性，家族中有懂医或懂药的亲属，主要是通过一次

---

[*] 段忠玉，博士，副教授，研究方向为少数民族医药文化、医学人类学。

[①] 郭少妮：《西双版纳基诺社会的疾病分类体系与"梦医生"神谕治疗》，硕士学位论文，云南大学民族研究院，2012，第 38~39 页。

很特别的托梦获得看病的能力。

一 梦医生——应对疾病的特殊角色

案例 1

依银，女，傣族，1966 年生，未上过学，家住西双版纳州景洪市橄榄坝曼法寨。她曾只是一名普通的傣族妇女，过着寻常的生活。然而，丈夫及自己的父母相继去世后，患有地中海贫血症的一双儿女也相继离开了她，沉重悲痛中的她不幸患上眼疾，去过各地西医院治疗，皆以无效告终，最终双目失明。一晚，在她梦中有位老人告诉她，从今往后她要帮助别人，给人治病。第二天醒来她便重获光明，并开始给人看病，或应求助者所问，告诉他们一些关于人生命运的事情。

案例 2

王素珍，女，苗族，1946 年生，未上过学，家住云南省红河州屏边县期咪村。老人出生于传统苗家，三岁时便跟奶奶上山采药，所以从小便懂得一些药理，但好景不长，老人八岁时，全家丧生于匪徒手中，她逃入深山中躲藏才免于一死，此后便在山中生活，三年后被接到一户人家做童养媳，不久被以身上长满虱子为由休弃。直至十六岁出嫁之前，她都在同其他工人一起修公路（蒙自到大围山）。至于老人会看病的原因，她说在四十多岁时，有一天晚上做梦，梦到一个神仙，背上背着一个包。神仙从包里拿出一本书，打开书，只见里面全都是红色、绿色、黑色的文字，神仙留下了这本书，书上关于医学的内容什么都有，老人从此学会了看病。

老人看病主要是看手心，观察患者是否"撞鬼"。如果"撞鬼"了，就要先"驱鬼"再治疗其他不适，类似中医的标本缓急原则。驱鬼则用煮熟的鸡蛋，剥去外壳后，在病人身上滚，根据鸡蛋上显示的纹路，就可以看出是什么鬼侵害了人体。鸡蛋上出现黑点，说明是阴间鬼附身；鸡蛋上有红色条纹，说明是血腥鬼附身……知道鬼的类型之后，就用相对应的口功驱鬼，再用草药治疗。如果是比较厉害的鬼，就需要让病人抱着一只大公鸡，老人一边念口功，一边让鸡啄病人不舒服的地方，寓意让鸡啄走这些病魔，完成后就把大公鸡杀了，让病人吃掉。老人还为我们详细讲解看手心治病的一些方法和标志，大体上表现了一种整体观念。男看左女看右，从虎口经过掌纹再到腕横纹的位置，共有——1、2、3、4、5、6、7、8、9_1、9_2、9_3、10、11，女性的5、6两个标志点靠近小鱼际一侧的掌纹，男性的5、6两个标志点靠近大鱼际一侧的掌纹，分别有不同的意义，大鱼际的状况可以看出或者预示夫妻关系如何。以图1、图2为例，图1代表头部，图2代表颈部，3号标志点的异常表示可能有气管炎症，4号的病位在肺和肝，预示炎症。男性5号若有异，则是十二指肠炎，6号有三个黑点表示有肠炎；女性5号有异预示肠炎，6号有异代表膀胱炎症。7号有黑点，可能是阑尾炎，8号与膀胱相关联，如出现红色，说明小便热，炎症正在生成，若转变成黑色，就表示炎症已经形成。9_1号投射于坐骨神经，关节炎、痛风时可观察出9_2号的病变，9_3号又标志着腰部特别是膀胱的状态，若出现红色，为正常的炎症，出现绿色则可能患了性病。10号代表眼睛，而11号代表耳朵。总体来看，有颜色变化即有病，不过具体情况因人而异，需要辨证施治。

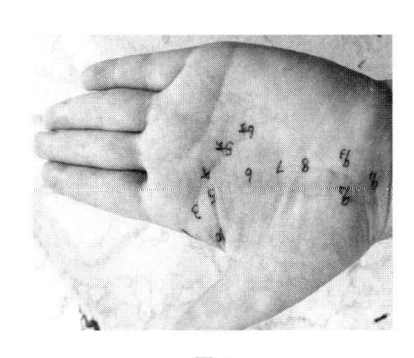

图1 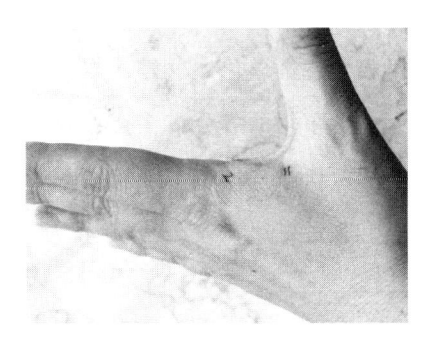　　　　　　　　　　　　　**图2**

案例 3

刀元东，男，傣族，未上过学，家住云南省玉溪市漠沙镇。刀元东之前也没想过自己要给别人看病。在 31 岁那年，他突然有一天发高烧说胡话，到卫生所看了也无济于事，高烧持续了一个多星期。有一天晚上他做了一个奇怪的梦，梦见一位白胡子老人，跟他讲了很多看病的事情，让他就这样给人看病他的病就会好，接着白胡子老人消失了。当他醒过来后，高烧退了，也会了看病这本事。刀元东看病的方法很特别，通过观察浮在水上的米粒来判断病情。患者带两斤米到刀医生家中，并附上他的姓名及生辰等信息。在看病前，刀医生首先要拜一拜神灵，以祈求看病、治疗成功。看病时，刀医生把患者带来的米撒入一碗水中，观察漂浮的米粒形成的形状，参考生辰书，并"算"出患者所患疾病，根据病症施治。刀医生家中的草药，皆由他自己采摘配制。

二 "梦医生"的医疗与文化适应

（一）梦中神谕——"梦医生"身份的建构

过去一段时间，少数民族传统医疗被认为是封建"迷信"，一度被禁止进行。社会大力提倡破除陈规陋习，其中最重要的打击对象就是巫师、祭司、铁匠和长老。随着国家实行家庭联产承包责任制，对农村社会的控制逐渐弱化，这样，农村民间的信仰活动得到恢复[①]。"梦医生"治疗包含了巫的成分，在官方的主流话语中，它属于封建迷信范畴，不同于国家所承认的正常宗教或医疗活动。另外，国家为了保障医师合法权益和人民健康，于 1999 年 5 月 1 日起开始执行《中华人民共和国执

---

① 张晓芸：《浙北农村民间巫信的生存逻辑》，硕士学位论文，华东师范大学，2011，第 53~54 页。

业医师法》，规定取得医师资格的，可以向相关部门申请注册，获得医师执业证书，从事相应的医疗保健业务；未获得执业资格的，属于非法行医活动。民间"梦医生"大多未上过学，文化程度不高，参加考试获得执业医师资格证是一大难题。即使现在政策越来越好，民间医生可以通过师带徒方式获得正式行医证书，但是对于"梦医生"来说，他们没有名正言顺的师傅，也没有家族的传承，只有从小耳濡目染地跟懂些医药知识的亲属学到一些知识，这样的身份和政策压力不断给"梦医生"带来身份危机和焦虑感。

埃文斯·普里查德在《阿赞德人的巫术、神谕与魔法》一书中认为"有些事物根本不可能通过实验和逻辑推理发现或者说人们确信不可能发现，而神谕被认为是可以揭示这样事物的技巧"[①]。为了应对身份危机，"梦医生"通过"梦中神谕"不断建构自己的行医身份，案例1、案例2、案例3的托梦者形象各异，但共同点是他们都是尊者、老者、有智慧的人或者神仙，这使"梦医生"充满神秘感和个人魅力。建构主义认为，建构意义上的身份专指有意义行为体的属性，它排除了无意识行为体的表面特征。同时，身份的确定是一个认同过程，它必须得到与之相反的"他者"的认可才能完成[②]。除了能够与神灵相通外，"梦医生"具有超常记忆力，同时掌握一些医药知识，案例1、案例2、案例3的"梦医生"都知道很多草药知识，同时在不断医疗实践过程中积累经验。确实，无论是从身体还是从文化方面看都是有疗效的，这样，"梦医生"从治好的患者那里获得越来越多的信任，逐渐扩大了公信力。这些"他者"和"梦医生"在互动中共同将其行医的身份建构了起来。正如患者李某叙述："前段时间我做什么都不顺，整个人精神

---

① 郭少妮：《西双版纳基诺社会的疾病分类体系与"梦医生"神谕治疗》，硕士学位论文，云南大学民族研究院，2012，第43页。
② 覃明兴：《移民的身份建构研究》，《浙江社会科学》2005年第1期，第88~93页。

都不好,脸色蜡黄,在我们卫生院检查也没什么病。我老母亲就让我找刀元东医生看一下,我跟他是亲戚,知道他怎么看病,我也学过医,不相信他那一套,一个人怎么可能做梦就能学到医术。后来还是被我母亲硬拉了去,他给我看后,说我们老家家里有样灰色的东西没有摆放好,应该重新放。另外,让我母亲回老家到祖宗坟地打理打理,上上坟,同时开了点他自己配的草药。母亲按照他说的逐一做了,两个星期后还真好多了,看来这位刀医生还真是厉害的,有的时候你还真不得不信。怪不得找他看病的人那么多,他家那栋三层楼房就是给人看病后盖起来的。以后遇到什么莫名其妙的不舒服,我还会找他看,也会介绍朋友去。"

(二) 鬼神信仰——"梦医生"医疗的文化基础

医学人类学认为,疾病的本质属于文化范畴,不同的文化产生不同的宇宙观、生命观和宗教鬼神观。每个民族都有自己的一套信仰体系,傣族和苗族都有鬼神信仰。所有生命都有灵魂,没有灵魂的实体是不存在的,凡是灵魂都需要实体依附,没有生命实体可依附的那些灵魂就会飘游不定。这就是人类原始社会时期的宗教观,即世间万事万物都有灵魂或神灵,日月、星辰、鱼虾、草木、金银等都有喜怒哀乐、都有灵魂。正如《苗族古歌》中《运金运银》篇讲到的"金和银就像人一样需要吃饭、穿衣、睡觉、"窜寨",傣族《招魂词》说到的"……三十二魂要来,九十二魂要到,脚魂别乱走,手魂别贪玩,肩魂别忘背挎包,头魂时时要想着回家……"都是少数民族原始宗教信仰很好的例证。

病因是指引起人体状态失衡、导致疾病的原因,人们对疾病的认知不同,从而产生迥异的病因理论。在一定的条件下,西方医学认为人体生病的原因是细菌感染、发炎、人体免疫和代谢功能减弱等,即致病因素处于优势。然而对于非西方医学体系来说，对病因的解释则有着不同的说法，George M. Foster 将病因概括为"自然"论和"非自然"论，即客观致病因素与超自然致病因素两类。傣族和苗族持万物有灵论，神灵是他们的精神支柱。人们认为患病的部分原因是鬼神使然，由于触犯了神灵、恶鬼附身或身上的灵魂丢失，而被病痛折磨。要治好病，只有求神求巫。随着西医科学的发展，人们在患病后一般会先根据病情采取相应措施，寻找自然因素，如病毒、上火、着凉等，到诊所或医院进行治疗。如果治疗无效，会转寻村寨中"梦医生"帮助，解除超自然致病因素，或在医学治疗的同时，接受"梦医生"治疗。村民的鬼神信仰为"梦医生"的存续提供了基础和动力。患者金某叙述："村里人哪里疼哪里病都会找她看，吃她给的草药。有时候去卫生所比较远，太麻烦，也不一定治得了。我们都相信鬼神存在，去年我去亲戚家作客就遇到了。傍晚回家走在路上的时候，突然有人拍了一下我的肩膀，说，'你要去哪里？'我回过头，正要回答，怎么没见人，四处望望，也没发现什么人，我心想，糟了，肯定遇到野鬼了。就赶快小跑着回家，跑得满头大汗，路上也来不及想，到家了才觉得被拍到的地方疼痛。第二天也没有轻松，就去找王素珍了，她用煮熟的鸡蛋在我身上滚了几分钟后说，确实撞到了阴间鬼，接着她到门口摘了些树叶，一边用树叶轻拍我的肩膀，一边念口功，差不多三四分钟，之后她给我开了点儿自己种的草药回家煮水喝，才慢慢好的。"

（三）多元共存——"梦医生"与现代医疗

在一个较完善的医学体系发展形成之前，由于人们对外界环境、自然科学的认识不充分，治疗手段也极其有限，面对疾病，人们往往会向神灵求助。由此，巫术往往盛行于一个较完善的医学体系形成之前。随着自然科学及医学技术飞速发展，生物医学得到广泛认可，在全世界范围内迅速发展、传播，当地人逐渐接受和喜欢上这位身怀绝技的"异客"。由于西方医学的直观性、标准化观念，传统少数民族医疗遭受着排挤。然而，看似神通广大的现代医学也并不能解决人们的所有痛苦和疾病，现代医学对一些疾病的治疗也会"失灵"。医学人类学家凯博文说，科技手段也许可以缓解，甚至治愈疾病（disease），但不是疾痛（illness）。要治疗疾痛，医生必须敢于面对患者棘手、复杂以及永远特殊的生活经历。疾病是生物医学较多关注的身体部分病理学的问题，是医生的世界，而疾痛则是患者生活世界的整体痛苦，这种痛苦包含了疾病引发的生物性身体的痛苦，更包括了其他生活世界的痛苦，这些痛苦都是相互纠缠（entangled）在一起的，共同造成了患者的痛苦[1]。传统少数民族医疗，虽然不具备医院器械检测疾病的准确性，却适应了少数民族对疾病观念和分类的传统诉求，承担着现代医疗体系不能检测、无法应对的社会疾病、文化疾病，这两种医疗体系并不会出现一者取代另一者的现象。只要人们有不同的需求，少数民族传统疗法还会继续存在于社会中，并且发挥着自己应有的作用[2]，与现代医疗共存，为人们的健康保驾护航。接受过依银治疗的患者高某（女，1997 年生，西双版纳景洪人，大学本科学历）这样叙述她的感受："由于脊髓空洞症，我做了一个颈部手术，4 个月后出院，直至出院时，伤口也没有完全愈合（出院时仍有一个直径约 1cm、深约 0.5cm 的破口）。伤口会不时流出组织液，且伤口周围仍存在水肿、发红状况。当时，从景洪到曼法的车程于我而言十分艰难与漫长。在到达目的地后我身体倍感不适，晕车想吐，肩、颈、头都十分疼痛，伤口也红肿和发痒得厉害。对人态度恶

---

[1] 谢操：《从〈疾痛的故事〉谈起》，http：//mp.weixin.qq.com/s/mtiG1 - Gcae2cGq8TyeZgiDQ，2017 年 10 月 15 日。

[2] 郭少妮：《西双版纳基诺社会的疾病分类体系与"梦医生"神谕治疗》，硕士学位论文，云南大学民族研究院，2012，第 63 页。

劣，说话充满不耐烦。经过母亲同事的一番介绍，我们在依银的带领下上了二楼（传统傣楼）。她在自己床铺旁坐了下来（席地而坐），治疗道具等就在床铺边（有一些大米和蜡条）。我和母亲坐在她对面，她开始询问：'想问什么？'母亲答：'想看看我女儿的病会好吗？命能否保住？你有什么办法吗？找得到治得好她的病的医生吗？'听罢，依银便在我的左右手各拴上一股白线，并问了我的出生年月日及姓名，边问边点燃了一根蜡条拿在手中。她注视烛光大约10秒钟，口中没有念词，然后便说：'这病要好不容易，身子也太差了，保命不容易，能到现在也算不容易了。病嘛，会遇到一位贵人相助，至于命，既然都来求我了，我也会保着的。'据依银自己所说，当她帮人看命看病时，这些话并不是她自己的话语，她只不过是个传话人。在我之后的人生会如何这件事情上，她并没有明确的说法。不过之后她把我支开，单独和我母亲说了关于母亲一生的事情。后来我问了母亲当时她都说了什么，母亲的叙述表明，依银说了很多只有母亲自己一人知晓的经历。她们同为老根（同一年生），我还记得当时她说出母亲经历并表示同情时，母亲流了很长时间的泪。当她们结束谈话时，由于我正好感到非常不适，便询问了依银是否可以解决。她说她可以试试。于是又把我叫到她面前，再次在我的双手拴了白线并让我背对着她。她开始口中念念有词，念一段就对着我的伤口吹气（自上而下地吹，气落在我颈部感觉轻柔而均匀）。之后她又开始按捏我的肩颈，当时那些地方平日里我是不给任何人碰的，因为就算只是轻轻碰到皮肤都会很疼，但依银为我按捏时我只感到舒服和放松，并无疼痛或是紧张的感觉，直到现在母亲回忆起来都觉得我当时的反应不可思议。在进行了三次左右的念、吹、按循环后，治疗结束。非常明显，我的红肿消退了，伤口周围也不痒了，精神一下子变得很好。最后依银将两瓶念过口功的矿泉水拿给我，让我两天喝完。当时我身体由极度的不适快速转为很长一段时间都未曾感受过的舒适，那样惊人的身体反应，至今我都难以忘记并一直倍感神奇。"

（四）变迁与调适——"梦医生"对民间医疗的传承

变迁指的是由于不同族群之间的接触或族群内部的发展变化，一个族群文化系统发生内容、结构和风格的变化①。任何文化都有其自身的发展历史，在这个过程中，新文化必然会对旧文化有所选择和继承。文化的传承是一个不断发展的概念，它不是封闭的、无增无减的、一成不变的，而是一个生生不息的延续过程，它是动态的，在继承中不断生成和重建。它既强调从一代人到下一代人的纵向传继，同时，也不否认在纵向传递的同时也在横向上即空间上传播。只有那些积极且适应新的社会需求的东西才会被积淀下来。在医学快速发展、多元医疗文化共存的今天，为了适应新的时代要求，求得生存和发展的空间，"梦医生"治疗必然会发生变迁。

其一是就医观念的变迁。在过去，医疗和经济落后，由于条件的限制，人们的就医选择相对单一，遇到疾病，村中的"梦医生"是重要选择。随着现代医疗的进步和普及，少数民族村寨村民拥有了多元的医疗资源，加上人们生活水平的提高和商品经济的冲击，村民们的就医观念也在发生变化。当今，对于少数民族村寨村民来说，现代医疗、传统医疗、民间医疗等都是可选择的医疗模式，患者可以根据情况选择适合自己的治疗方式。根据访谈资料可知，很多患者寻求西医治疗，在治疗无果的情况下，根据主观经验判断病痛的产生与超自然因素如鬼魂、神灵等有关，所以转向寻求有"梦医生"参与的民间传统治疗方式。事实上，寻求民间"梦医生"治疗的疾病逐渐减少。

其二是治疗方法的变迁。任何一个民族的传统文化的形成与发展都

---

① 林耀华：《民族学通论》，中央民族大学出版社，1997，第20页。

与其所处的自然环境、生计方式以及社会发展水平密切相关。自古以来，云南少数民族生活在山区或河谷地带，这里植被丰富，同时瘴气、疾病丛生，人们在与自然灾害和各种疾病不断的斗争中，积累了丰富的医疗知识和经验。在原始时期，人们更多地依靠巫术与自然、疾病搏斗。随着时代的进步，人们意识到单纯的巫术无法治愈疾病，所以只靠"念念吹吹""驱鬼叫魂"治疗疾病的活动慢慢退出历史舞台。"梦医生"在解除导致患者生病的超自然病因外，还使用草药治疗，还会学习一些现代医药知识。

一般而言，当社会环境发生变化时，文化主体的需求发生了改变，就需要传统文化发生相应的变迁以适应主体新的需求。从医学人类学功能论的视角看，原有的少数民族传统医疗文化所承载的旧功能与主体的新需求发生冲突，所以，原有的传统少数民族医疗文化体就会发生解构现象[1]。解构并不意味着灭亡或消失，而是注入创新因子。就"梦医生"这一传统文化而言，其通过借鉴外来文化要素，实现了自身的变迁、调适和传承。"梦医生"神授传承方式在民间不是很普遍，但是存在，为民间传统医药的传承发挥着衔接性的作用。

结论

"梦医生"对医药知识有一定了解，通过做梦或者大病增加自己的法力，也为给人看病找到了适当的理由，并增加神秘色彩。它的产生和存续，与少数民族的生产生活方式息息相关。病痛加上对大自然的神秘感，村民们信仰"梦医生"的神谕能力能够制服病痛，这也是其存续的基础和动力。然而，传统并不是停滞不前的，为了适应新的社会需

---

[1] 李汉林：《民族文化自我发展的变迁分析》，《湖南社会科学》2001年第3期，第20~22页。

要，传统不断地被建构、解构和重构。在现代医学发展迅速的今天，"梦医生"治疗近年来正经历着就医观念、治疗方法等的变迁。同时，医学人类学告诉我们，精神文化与制度文化、物质文化比起来，具有更强的稳定性[①]。少数民族对"梦医生"治疗依然保留着很深的信仰和心理依恋，这也是这一传统文化存续至今，仍然承担着传承传统医药文化重任的主要原因。

[①] 乌仁其其格：《蒙古族萨满医疗的医学人类学阐释》，博士学位论文，中央民族大学，2006，第238页。

文化遗产研究

从陶器社到工艺美术陶厂：建水紫陶业的一段发展史研究

马 佳[*]

摘 要：对20世纪50年代至21世纪初期云南建水工艺美术陶厂紫陶生产制作的历史进行调查与研究未引起学界的重视。这段历史应是建水紫陶业发展中的一段重要历史。它是紫陶由文人艺术转变为大众艺术的关键环节。它为紫陶从集体生产转变为个体生产奠定了人力与物力基础。这段时期紫陶风格变化的重要原因是国家的政治力量主导与师傅们的个人能动性发挥。通过田野调查与口述史等方法，亦可以对此段历史进行梳理、呈现与分析。

关键词：紫陶；陶器社；工艺美术陶厂；拉坯师傅

关涉建水紫陶的研究，约从2004年起呈逐年增加的态势，主要研究视角是从艺术学的角度出发，论述工艺特征、工艺风格、历史演变、审美趣味、装饰语言等。[①] 在诸如此类的研究中，论文常简单论述建水

---

[*] 马佳，民族学博士，云南民族大学民族学博士后科研流动站在站博士后，研究方向为社会文化人类学、物质文化研究、传统手工艺。

[①] 可参见孙和林《云南建水紫陶》，《装饰》1997年第3期；高媛菲、宣宏宇《"建水陶"的审美内涵与装饰语言新气象》，《陶瓷科学与艺术》2009年第1期；（转下页注）

紫陶业的起步及发展脉络,仅将其作为一个叙述背景。较少有文章深入呈现与分析建水紫陶业的发展史①,尤其是缺少对20世纪中期到21世纪初这段发展史的研究②。究其原因,恐怕是限于记录史料的缺失及研究视角、方法论之窄化。笔者认为,这段时期的紫陶业发展史之研究,尚有部分遗失文献可查阅,以及可以通过田野调查、口述史等方法进行。之所以重视这段历史的调查、梳理与呈现,是因为从中可见建水紫陶风格之变化并不像早期那样限于文人艺术修养及创意,更多的是受到国家政治与政策影响;此外,亦可以获知,恰是当前作为中流砥柱的拉坯师傅们的个人奋斗,使得紫陶回归到个人生产制作模式,紫陶工艺属性中的文人艺术一面得到某种程度上的复兴。以下展开呈现与论述。

接上页注①孔明《"似残非残、有残至美"——论建水紫陶装饰艺术"残帖"美》,《装饰艺术》2009年第3期;邵靖、田波、王坤茜《建水紫陶传统装饰艺术的文化新内涵》,《中国陶瓷》2009年第11期;廖亮、王坤茜《清末民初建水紫陶艺术风格形成原因探析》,《陶瓷科学与艺术》2011年第1期;吴白雨《建水陶书画装饰传统的成因及其负面影响》,《民族艺术研究》2011年第3期;吴白雨《建水陶的制作技艺与工艺特色》,《陶瓷艺术》2011年第3期;吴白雨《建水陶之八美——对建水陶艺术语言的文化解读与审美分析》,《学园》2011年第4期;李跃平《建水陶"残贴"装饰与"锦灰堆"的渊源关系》,《民族艺术研究》2012年第4期;吴白雨《建水陶的艺术特色与文化内涵》,《中国陶瓷》2012年第9期;谢恒主编《建水紫陶》,国际统一出版社,2004;马行云编著《云南建水紫陶》,云南科技出版社,2011;云南省博物馆编《临安紫陶:云南建水的陶艺传承》,云南民族出版社,2012;田丕鸿《建水陶瓷》,云南美术出版社,2004;赵楠、李自恒、田坯鸿主编《建水陶瓷文化》,云南人民出版社,2006;李朝春《云南建水窑陶瓷》,云南民族出版社,2010。

① 可参见田丕鸿《建水陶瓷》,云南美术出版社,2004;李朝春《云南建水窑陶瓷》,云南民族出版社,2010;孔明《建水陶瓷发展历史探析》,《红河学院学报》2015年第1期;邹科、张睿《从"彩填"看建水紫陶的传承与创新》,《红河学院学报》2015年第3期;陈春芬《建水紫陶发展阶段性特征探析》,《文化学刊》2017年第9期。

② 笔者的博士学位论文基于田野调查所获,已就这一方面做了较详细的梳理与呈现。

> 从陶器社到工艺美术陶厂：建水紫陶业的一段发展史研究

一 早期的制陶业

建水紫陶是指制作生产于云南省红河哈尼族彝族自治州建水县境内，主要是建水碗窑村及周边地区的一类集书画、刻填、磨光三类工艺于一身的无釉高温陶。清朝及民国年间被称为"细陶"，新中国成立后直至 21 世纪初期，常被称为"红陶"或"美术陶"，约 2004 年后，"紫陶"成为统称。

碗窑村位于建水县临安镇城西北处，现由上碗窑、中碗窑、下碗窑三个自然村组成。早在明朝正统年间（1436～1449），碗窑村已达到数百户的制陶规模。随着生产规模的逐渐扩大以及烧制技术的提高，制陶人数有所增加，村落规模也渐渐扩大。清朝康熙年间（1662～1772），碗窑分为上、下两窑（村），上窑烧造缸盆瓶瓮，下窑烧造碗碟盅盘。到了民国年间，碗窑已经发展为上、中、下三（窑）村，成了有居民 500 人以上的大村[①]。

先有粗陶瓦货，后有细陶。清道光年间（1821～1850），碗窑村的一些制陶匠人开始用白黏土制作白细陶花瓶、文具等带有工艺品性质的器物，迎合了当时文人雅士们摆设和把玩之喜好。1840 年鸦片战争前后，吸食鸦片之风也传入云南，作为吸食鸦片器具的铜质烟斗也随之流入，受此器物启发，陶工匠人们发明了白细陶烟斗。清咸丰年间（1851～1860），碗窑村陶工潘金怀将红、白、黄、青、紫五色陶土按比例混合，制浆，沉淀，制泥坯，而后烧制出呈红色的紫陶烟斗，这亦是建水紫陶的第一代产品。

随后，陶工匠人们以及文人雅士们开始在器物类型以及制作工艺上

---

① 建水县地方编纂委员会编《建水县志》，中华书局，1994，第 394 页。

进行探索和发明。文人王定一首创在紫陶器物上用残贴断简装饰，创生了"雅"与"古"的艺术风格；向逢春改良和完善了紫陶制作的整个工艺过程，掌握了制泥、拉坯、书法、绘画、雕刻、填泥、烧制、磨光等工艺技术，尤其是改良了传统汽锅制作工艺及造型（见图1）。经过工匠们的潜心琢磨，建水碗窑村的制陶业无论是陶业规模还是制陶技艺都得以扩大和提高。可以说，约从清道光年间起，直至民国年间，集合书画、刻填、磨光三大特色工艺，及追求"雅"与"古"审美趣味的紫陶风格已经渐渐形成，趋于成熟。紫陶的技艺母体来自早期的粗陶瓦货及青花瓷器制作，拉坯师傅兼烧窑师傅们在工艺成型的过程中功不可没，没有他们就没有紫陶的快轮拉坯成型。当地诞生与壮大的文人阶层，参与到在陶坯上书画刻填这一工艺过程中，其意义也较为重大。他们的参与介入使得陶器从日用品转变成工艺美术品、一种具有文人艺术气息的雅物，从而奠定了紫陶古朴雅致的艺术风格，延续至今。

图 1 向逢春竹子黑陶汽锅

资料来源：建水县紫陶研究会编印《中国四大名陶——建水紫陶日本京都文化艺术交流展作品全集》，内部资料，第16页。

二 陶器社的成立

新中国成立之前，碗窑村的制陶人家，每家有各自的制作作坊及烧制场地。那时整个碗窑村西南向的坡地上约有50多条龙窑，长度为29米、39米、40米、50米。视生产量的多少，有些人家单独使用一条龙窑，而有的人家则三四家共用一条龙窑。烧制出来的瓦货，有的在出窑那日便被人在窑上直接买走。20世纪50年代以前，村里道路只有靠绣球河边的一条，也被人称为"瓦货街"。逢周三、周五赶瓦货街，烧窑人家便会把瓦货挑到瓦货街售卖，或直接放在家门口，让人挑选。此外，烧窑人家还会把烧出的产品用竹筐挑到建水县城里售卖，或者是运送到火车站，发货到周边地区，民国年间"临安瓦货"在滇东南一代甚是有名。

新中国成立后，国家决定对全国农业、手工业和资本主义工商业进行社会主义改造。通过手工业生产小组、手工业供销生产合作社、手工业合作社三种形式，逐步实现手工业社会主义改造的政策于1953年前后在全国各地实施开来。云南省于1950年着手进行手工业合作社的试点。1954年6月蒙自专署着手实行手工业合作社、合作组试点，在个旧、开远、蒙自、建水、石屏等地建立手工生产合作组。建水县于1954年10月开始组织手工业生产合作社。碗窑村的部分窑户陶工于这一年被引导组织起来成立了陶器生产合作小组。首先是上窑45户96人先后组成了5个陶器生产小组，后并为陶器生产合作社（工艺美术陶厂前身）。紧接着，1955年下窑陶工成立了3个生产合作小组，几个月后发展到5个小组99人（瓦货社/土陶厂前身）[1]。到1956年，全部个体陶工都加入生产合作社，入社社员达110户236人。

陶器合作社成立后，刚开始是入社成员每家各出一部分生产资料，在各自家中及指定地点制作陶坯，做好之后，再挑到指定的龙窑上，统一进行烧制，而后，由商业局统一购销，最初按照商品件数分

---

[1] 黄崇发老陶工讲述，记录整理于2013年4月28日。

给劳动者报酬。1957年在中窑与下窑交接的五显庙坡脚处,由商业局出资修建了一个仓库,称为"新仓",用于堆放从社中采购来的陶器。后来因堆放地部分转移到县城中,从中腾出部分空间作为厂房,一部分粗陶制作在这里进行,另一部分在五显庙正殿中进行(陶器社总部设在五显庙中),还有一部分依然在几家场地宽敞的窑工家中进行。最初这样一种分散式的生产方式,对这些农民与小手工业者的身份并没有产生实质性的影响,可到1958年后,影响便开始出现了。受政治运动之风的波及,成立不久才刚刚稳定的陶器社与瓦货社合并为一个大社,并由集体所有升级为地方国营,其性质发生了根本改变,由此改计件工资为固定工资。尽管1962年瓦货社重新整顿分出,陶器社恢复为集体所有制性质,又采用计件工资制,但"工资"已经成为陶工们领取劳动报酬的方式。陶工们一下子成了领取固定工资的"工人"。如杨姓老陶工说的那样:"(我们)变成了靠工资、吃'皇粮'的人了。"在国家政令及计划经济体制之下,生产组织及劳动形式之变动,使得陶工们的身份亦发生了相应的变化。他们从贫农、中农变成为人民服务的手工业生产者,后来,随美术陶厂的成立变为光荣的工人阶级中的一员。身份的改变使得他们对持有的技艺有了更强的自信心与认同感。

我进厂的时候,是1954年,是属于5组的,当时一共有5个组33个人,一个组约有7个人。工资为54元或55元一个月,多干多得。1955年增加了2个组,有100零点的人,到1956年,论盘来计算,一个盘有4个人。那时候,107个人,30多张盘。一个师傅带3个人,一个揉泥、一个蹬盘、一个打理。师傅的工资要多些,有60多元、57元。1956年为计件制,有时候50多元,有时候80多元,有时候70多元。在我们碗窑,只需学得个师傅,就可以讨生活了。1958年,我被调到曲江去,帮那里的厂烧窑,做腌菜罐、大瓮等。在那里待了10年,

从陶器社到工艺美术陶厂：建水紫陶业的一段发展史研究

1968年回来，回到工艺美术陶厂，在五显庙的龙窑车间烧生活陶。①

1956年向逢春进入陶器社，社里成立了专门的美术陶生产小组，让他与何本金、徐家良等人制作汽锅、花瓶等细/红陶器物，数量较少。1956年8月，向逢春参加了由云南省手工业管理局举办的全省手工艺人技术交流会，在会上介绍了解放以后几年来改进陶器烧制技术方面的情况②。1959年10月3日，轻工部和全国手工业合作总社联合举办了第二次"全国工艺美术展览会"，建水红陶再次赢得奖励，并被更多人知晓③。1959年轻工部计划投资70万元，发展建水陶（美术陶），欲将建水陶器社扩建为年产500万件的企业，但未能顺利实施。1961年8月根据全国手工业合作总社"手工业三十五条"中的整改规定，建水陶器社进行了调整，于1962年分离出盲目合并进来的瓦货社，加强建设。经过选址、动工、修建，于1964年在下窑规划空地上，新建起了2226平方米的厂房，新建阶梯窑一条，生活日用陶与工艺美术陶得到发展，年产量达44万件④。但是，动荡时期，全国各行各业的生产都受到严重影响。红陶产品因工序复杂、成本高，人民消费能力较低，外贸出口有限，销路不广等原因，在此段时期内，已处于停产状态。1965年受中央政府指示，云南省手工业管理局决定恢复建水红陶生产，将美术陶生

---

① 张永贵老师傅讲述，访谈整理于2012年11月24日。
② 参见新华社新闻稿《云南老艺人集会交流生产经验》，1956年8月11日，第2258期。
③ 1953年12月7日至1954年1月3日首届全国民间美术手工艺品展览会的召开，是中国工艺美术事业开始的一个标志性事件，此后至80年代末又不定期举行了五次（1959年、1976年、1978年、1987年、1989年）。参见赵建伟《首届"全国民间工艺美术品展览会"研究》，硕士学位论文，山东工艺美术学院，2013，第1页。向逢春制作的红陶花瓶等作品被征集参加了这次具有较大历史意义的展览。向逢春在首次展览会上获得了"老艺人"的称号，得到一套衣服和二十元的现金，这是政府给以他的"奖励和待遇"。随后，1955年向逢春先后任云南省政协委员、建水县手工业联合社副主任、建水县第二届人民代表。
④ 参见杨大庆主编《红河哈尼族彝族自治州轻工业志》，云南民族出版社，1993，第177页。

产组划出陶器社，在县城原瓷厂新建的场地上成立了建水县美术陶合作工厂，有职工28人，于1965年3月投入生产。10个月中，生产紫陶产品2596件，亏损1万多元①。1966年，"文化大革命"开始，全国工艺美术行业均受到严重影响，工艺美术品这一拥有长久历史与文化积淀的技艺与物品被打上"四旧"（旧思想、旧风俗、旧文化、旧习惯）的标志而遭禁产，生产制作的艺人们一度被批斗。建水美术陶（汽锅）及制作者也没有逃过此劫，美术陶被当作专供地主、资产阶级享乐的"黑货"遭到禁烧。美术陶合作工厂只能生产白釉陶、粗陶及伟人塑像。后因亏损，美术陶合作工厂于1967年7月停产关闭，后重新并入陶器社②。

1971年3月初，经国务院批准，轻工、商业、外贸、农林、燃化五部在北京联合召开全国日用工业品座谈会，意在恢复日常工业品（含工艺美术品）的生产。同年9月28日，轻工业部③、商业部联合向国务院报告，提出对商品图案、陈设品、文娱用品、化妆品、手工艺品造型和经营问题的政界意见。1972年4月9日周恩来在广州接见广交会代表时指出"手工艺要大力提倡"，北京、上海、江苏、广东等地工艺美术行业开始出现转机，工艺美术生产逐步得到恢复④。应出口贸易之需，1971年已停产约四年的建水红陶由陶器社恢复生产，汽锅等产品开始出口港澳地区以及新加坡、日本等国。1972年9月，"全国工艺美术展览会"在北京民族文化宫展出，品种达17000余件。1973年，国务院批转轻工业部、外贸部《关于发展工艺美术生产问题的报告》，再

---

① 杨大庆主编《红河哈尼彝族自治州轻工业志》，云南民族出版社，1993，第178页；建水县地方编纂委员会编《建水县志》，中华书局，1994，第395页。
② 杨大庆主编《红河哈尼彝族自治州轻工业志》，云南民族出版社，1993，第178页。
③ 1970年，工艺美术主管部门（原来第二轻工业主管手工业，其下设有工艺美术局）并入轻工业部。
④ 参见夏燕靖编著《中国设计史》，上海人民美术出版社，2009，第228页。

从陶器社到工艺美术陶厂：建水紫陶业的一段发展史研究

次肯定工艺美术品丰富全国人民的物质所需、换取外汇、支援国家建设的政治经济功能，要求各地加强对工艺美术事业的领导，促进工艺美术品生产和出口①。全国上下走出"文革"带来的思想、行动上的禁锢。1977 年 8 月，国务院批转国家计委、轻工业部、外贸部和商业部《关于进一步发展工艺美术品生产和扩大销售意见报告》，要求轻工、外贸、商业、供销等有关部门加强合作、相互支持，根据国内外市场的情况和我国工艺品的生产能力，积极制定生产、收购、出口计划和内销计划，促进工艺美术品生产和出口的大幅度增长②。随后，工艺美术品生产得到恢复与发展。1972 年由云南省轻工业局拨款 30 万元、银行贷款 98 万元，于陶器社内兴建一座长 98 米、年产 200 万件陶器的隧道窑，以便恢复及扩大粗陶及汽锅等美术陶生产。1974 年 9 月该隧道窑建成并投入生产。

需要说明的是，20 世纪 60 年代末陶器社在五显庙坡脚处修建一条龙窑，由入社社员集体动员修建，运土、挑土、倒土、填压，历时半年多的时间。龙窑建成后，部分粗陶及红陶产品便在此处烧制。1974 年隧道窑竣工投入生产后，生产粗陶的龙窑车间（位于五显庙中）也随即搬到了厂房中。五显庙坡脚的龙窑曾一度停烧，但是因隧道窑使用失误造成亏损，③ 龙窑车间又搬回到五显庙中，粗陶与红陶又在龙窑中烧制，直至经过一年左右时间的摸索，隧道窑才恢复投入正常生产，红陶

---

① 1973 年 4 月 21 日，国务院批转关于对外贸易部、轻工业部《关于发展工艺美术生产问题的报告》。参见中华全国手工业合作总社、中共中央党史研究室编《中国手工业合作化和城镇集体工业的发展》第 2 卷，中共党史出版社，1994，第 529～530 页。

② 国务院批转国家计划委员会、轻工业部、对外贸易部、商业部《关于进一步发展工艺美术品生产和扩大销售意见的报告》。参见中华全国手工业合作总社、中共中央党史研究室编《中国手工业合作化和城镇集体工业的发展》第 2 卷，中共党史出版社，1994，第 591 页。

③ 据报告人韩某所言，主要是没有这方面的技术人员，靠着自个儿摸索，需得有个试烧过程。

（汽锅）便在隧道窑中烧制，成品率有所提高。同时，部分粗陶车间搬至下窑厂房中，整顿后重新成立了粗陶车间（20世纪80年代为了区别于工业陶生产，改称为"生活陶"车间）。到1974年隧道窑兴建并投入生产，陶器社已拥有职工630人，成为一个大厂，于1977年改名为"建水工艺美术陶厂"。

三 工艺美术陶厂中的紫陶生产

从1958年的"反右运动"开始，一直到1976年"文化大革命"结束，建水紫陶几乎没有出现较好的留世之作，工艺停滞不前，且出现了粗制滥造。艺术、文学领域一度成为中国政治运动的重灾区，根源在于那段时间把艺术、文学划为资产阶级的享乐文化，加以排斥与谴责，与文化相关的一切均受到管制。随着书画装饰一度被贬低与轻视，紫陶大部分又回到普通民用器物的队列中，抑或成为带有较强政治意识形态的符号制品。

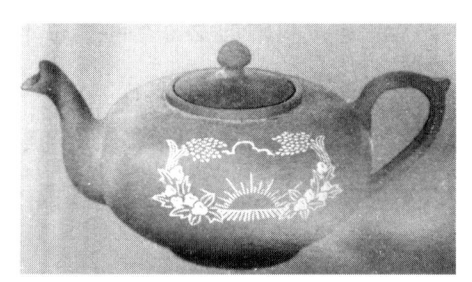

图2 "文革"时期生产的红陶茶壶
资料来源：田丕鸿：《建水陶瓷》，云南美术出版社，2004，第237页。

工厂追求的是经济效益，讲究批量生产，这对已变为文人艺术的紫陶工艺而言是一种致命伤害。继向逢春的儿子向福功之后，1973年入厂的谭知凡担起了美术陶坯装饰的工作，他部分师承向氏书画，结合清新自然的装饰风格，但受厂里的固定安排所限，他并不能自由地"创

从陶器社到工艺美术陶厂：建水紫陶业的一段发展史研究

作"。从 20 世纪 70 年代中后期到 80 年代末，工艺美术陶厂中的紫陶产品主要为汽锅，零星商户前来定制的茶具、花瓶。批量化的红陶汽锅生产制作建立在坯体成形术改变的基础上——一改手工拉坯，而采用石膏模具成型。再有，刻花采用了空心刀，以刀代笔，省去了绘画书法的环节，坯体上的装饰语言多为简化的梅、兰、竹、菊等模式化的图案。

1973 年，车间招进二三十人，共有 50 多人，粗陶车间也有五六十人。美术陶车间以生产汽锅、花盆为主，后来逐渐做些茶具、文具、花瓶类的产品。装饰的内容有梅、兰、竹、菊这些。那个时候是先用墨画，然后针刻。那个时候，汽锅也是手工拉坯、手工画、手工刻，一个人一天刻 2 到 3 个汽锅。因此，画也就是这样的速度。到了 1974 年、1975 年的时候有了机械化设备，用模具来压。后来，连同茶壶也是注浆的。汽锅也就用模具来压，数量就增多了。有体力的师傅，一分钟可以压 7 个汽锅，我曾经计算过时间。因为画、刻，所以慢，就制约了生产。有个老师傅，叫作何炎华，发明了空心刀，以刀代笔，直接用刀在坯子上画，我打下手，把空心刀通过实验制作出来。这样一来，一个人，一天的时间内可以雕刻 10 到 20 个汽锅。当时，实验逐渐成功，就开始培训职工如何使用空心刀，个把月就培训出一批年轻的职工。这批会了，搞搞生产后，又被调到其他车间去，或者是干其他活计，主要是那点人手不够，经常调人。我都压制过汽锅[①]。

清朝与民国时期，建水紫陶可以说已发展为一种文人艺术，反映着文人阶层的审美趣味，满足于他们的消费需求。但是，从 20 世纪 50 年代至 70 年代末，这一消费随着文人阶层的解构消失，在中国国内是少有的。以汽锅为主的紫陶产品之生产是按照规定进行的，反映了假想"他者"的文化品位，凸显出中国传统文化符号，强调"民族性"。80

---

① 谭知凡艺人讲述，访谈整理于 2013 年 4 月 18 日。

年代中后期，汽锅底部所盖的章由"中国云南"变为"云南建水"，成为汽锅大量出口结束的物化标志，但模式化的生产过程与装饰语言一直延续着。当紫陶的生产量与销售量减少时，整个厂的运营靠着粗陶与工业陶的制作生产，而1993年后，当粗陶制品需求量减少后，紫陶生产制作又承担起全厂盈利的重任。在这样一个过程中，拉制生活陶的师傅常调离原来岗位，到美术陶车间帮忙，于是一批拉制与烧制粗陶的师傅就在这样的环境中转变为红陶拉坯兼烧制的师傅。

产品开发与市场拓展一直是建水工艺美术陶厂增加收益的两大渠道，于是有了花瓶、文具、台灯、民族工艺雕塑等产品的制作生产。1991年，该厂生产的紫陶三足玲珑陶具、残贴博古瓶、笔筒、新玉壶春瓶等产品被选送到德国莱比锡国际博览会等会上展出并获奖。奖励获得与生产的保证，其后援是国家及地方相关部门的政策保护与支持。进入90年代中期后，企业改制开始，脱离了"温室"，工艺美术陶厂的经济效益直线下滑，屡屡亏损。其中一个致命的原因是书画装饰人才的缺失。厂中从1980年起一直到21世纪初，仅有四位专业的书画师，当书画师年老退休后，招来一位年轻的书画师，他刚进厂不久，2012年12月，美术陶厂就停产关闭。

表1 工艺美术陶厂日用陶与美术陶产量

单位：万件

时间	日用陶产量	美术陶产量
1948年	2	—
1953年	1.58	—
1954年	2.4	—
1956年	82.6	—
1957年	193.00	—
1965年	284.00	0.2596
1969年	193	—

续表

时间	日用陶产量	美术陶产量
1973 年	44	—
1978 年	460	2.13
1981 年	—	12.7
1984 年	—	6.67
1985 年	73	7
1987 年	592.6	—
1993 年	396100	767480
1994 年	341300	767400
1995 年	336600	319700
1996 年	220000	499600
1997 年	197000	433000
1998 年	234000	312100
1999 年	336600	319700
2000 年	300700	354600
2001 年	233000	268500
2002 年	148700	298000
2003 年	121000	392000
2004 年	44965	279500
2005 年	25700	241000

资料来源：笔者依据调查所得数据绘制，2013 年 12 月。表中部分数据参考建水县地方志编撰委员会编《建水县志（1978～2005）》，云南人民出版社，2010，第 192 页；杨大庆主编《红河哈尼族彝族自治州轻工业志》，云南民族出版社，1993，第 177、178 页。

注：①表中横线表示数据空缺；②大致从 1993 年开始，美术陶年产量渐高于日用陶年产量；③1995 年美术陶产量又略低于日用陶产量，而后又在 1999 年时略低于日用陶。

四 作坊主的奋斗

从 1997 年起，工艺美术陶厂进行了企业改制，先后采用了厂长负责制、承包经营责任制，实现部分产品转型，也采用引进新设备与新技术等手段来挽救工厂的生产，但最后还是因产品类型不适应市场需要、技术管理相对落后、专业人才缺失、负债较多、企业职工生产积极性丧失等内部原因，以及个体私营性质制陶作坊与企业先后出现等外部原因，于2012年底彻底宣布停产关闭。这一段历史恰恰与当前成为陶器生产制作中流砥柱的人物们的个人奋斗史相重合。早在20世纪90年代末，便有职工从厂里停薪留职出来在碗窑村里另办陶厂，或在家中单个制作销售紫陶。

1997年工艺美术陶厂将三个生产车间——美术陶车间、生活陶车间、龙窑车间——分别承包给厂里的几位职工。徐荣洪、陈兴文、潘朝凯等五人承包了美术陶车间，承包期本为五年，但约三年半后，厂部负责人提前终止了承包合同，车间又收归厂部管理。这一批人中，一部分人从2000年后便离开工艺美术陶厂，走上自己单个做紫陶的打拼之路。

2000年就退出来，退出以后，我们还是在碗窑上建了一个厂（就是兴仁陶厂）。当时，1999年到2000年，就是承包的时期，那个时候的销售干了300万元不到点，我们想着自己出来干，在原来的产品上增加点儿新的产品。在现有的产品结构基础上，我们调整一下。肯定不能跟在厂里做相比，但是，我们每年只要能挣到个百十万，我们几个就可以生存了。当时办这个厂就是我们几个，每人凑了两万块钱，还不够，又从其他朋友那里借了一些，总共凑得50多万元，就建起了这个厂。建起来，就买些机械设备。以前和这些人打过交道，就跟人家说，我先少少地付给你一些钱，我们现在的这种情况是自己出来干了，你们支持一下我们，设备我们拿来用着，逐步逐步地挣到钱再还给你们。人家还是支持的，包括窑炉上、设备上，这些人还是支持。当时建起来，总投资是86万元。54万元跟86万元还有个空隙，这些就是窑炉和设备的费用还没有付给人家。流动资金几乎没有，建起这个厂来后，这几个人能做什么，就做些出来，厂里的每一点儿事情就是我们这几个人在做了。不管哪里搬动点儿什么，都是我们这几个人在做。在做的过程中还是困难大，为哪样大哩？还是流动资金，一点儿流动资金都没有。本身你就是新起手的，在厂里面还有些库存，可以把库存卖了有点儿资金。流动资金没有，你其他资金可以欠着，但是电费是不能拖欠的。所以说原料钱，跟人家说（我们真的是这种情况）可以先用着，但是电力公司不听你说的这一套，所以说难度更大。管他的呢，伤朋友情谊就伤害了，什么都不管了，还是干着。造型是自己造，模具、设备、安装，这些全部都是自己做。因为当时没得钱，只有那几个人干，白天、晚上地干，就是我们这么七八个人。我们有大半年没有发工资。最艰难的时候，我们这七八个人坐在那里休息的时候，有个小工过来，他就说（本来是没付人家钱，是差着人家钱，没付给人家工资），他也不好说，但是他也认得我们的困难，他就说："先借我几百块钱，我要做客去。"七八个人百把块钱都没得，你只能这么想，七八个人连百把块钱都没有，他说，他要做客去。工资都没付给人家，人家说要做客，哎，几个人，一个望着一个，几百元钱都拿不出来。那小伙子都淌眼泪啊，咕噜咕噜地眼泪淌，连我们都整的，哎，本身工资都没付给人家，人家做客来向你几个借几百元钱。你想想，已经到这种程度了。

后来，逐步逐步地通过每个人的努力，有部分产品出来后。产品出来后，原来的销售那里还有些路子在，由陈兴文跟人家谈，说："汽锅我们生产了，要不你先给我们点钱，等生产完，送来给你们。"有些经销商还是同情，所以说，这种又缓过来点，能够正常运作、正常生产，再加上我们的干劲，逐步逐步地就有点订单，销售一天比一天多点。后来，这个兴仁陶厂就正常地运转起来，将近2003年初的时候，这回基本工资能够正常地发。那时候，工人要求不高，因为大家都还是支持我们的，那时候工资也不高，拖欠人家的，跟他们说，逐步逐步好起来的时候，就补发给人家，他们对我们还是支持的。这回子到后来，哎呀，我自己看看那种模式哩，再这样混下去是不行的，因为这种发展空间还是不大。因为你看有10多个股东的，大家都平均股，也没有说，你出20万，我出30万，这样来控股，后来，到2004年我就自己出来，在北山寺这里单干了。后来，2005年陈兴文也带着五六个股东出来单干了。陆陆续续地人就撤走掉了。最后把厂转给了余兴仁，他也是股东之一，占的股份多些。厂房的地皮是他家的，听说现在又转给另外一个人了，也是做陶的①。

工艺美术陶厂总共有四次招工，1964年为第一次，1973年为第二次，从不同年龄段的访谈对象的回忆及笔者估计的数据来看，1973年入厂的工人，大多出生于20世纪50年代；80年代初中期入厂的职工约为60年代出生；1990年、1991年入厂的职工为70年代出生；而现在涌现出来的紫陶家庭式作坊主、私人紫陶企业的老板，以及所有流动的与固定在作坊及企业中的拉坯师傅均为80年代初期至1991年入厂的工人，在厂里逐渐成长为拉制粗陶兼拉制红陶坯体的师傅，离职后，到今天成为紫陶制作行业的中流砥柱。他们所习得的技艺有来自父亲的家传手艺，也有厂里老师傅的指点与传授。对这些师傅而言，离职办厂、办家庭式作坊的原因很简单——"为生活所迫"。

我跟你说，出来干只有一个原因，就是没有钱，想多挣点钱。这样跟你讲，我离开之前（1997年），我的工资是400元多点，你家张姐（他的妻子）领着180块，就这点儿钱维持生活都成困难，想买点其他东西都很难很难，不出来，怎么整嘛！有些人就是虚伪，不愿意跟你这样讲，什么理想了，什么爱好了，我们那一批人出来干的，都是因为穷，生活都成困难了，想多挣点钱。还有，实话就是像我们这种手艺，在厂里面干，受当官的管制了嘛，不考虑你的头脑，不考虑你的手艺，手艺发挥不出来，你在那个厂里面永远都是一样的。厂里就像一座牢

---

① 徐荣洪师傅讲述，访谈整理于2014年3月28日。

从陶器社到工艺美术陶厂：建水紫陶业的一段发展史研究

房，不自由，样式都被管着。我自己出来，想做什么都行①。

我办停薪留职出来，帮人开过汽车，但是后来，还是多数帮人拉坯，帮那些干紫陶的人拉坯。2005年我到马成林的工作室里拉坯，做了半年后，人家厂里（工艺美术陶厂）又把我喊回去上班，不上就开除，我是被厂里要求回来的，安排我去压汽锅（用石膏模具制作汽锅），压了一星期，记得大概做了100个汽锅，那时，压一个汽锅给5角，你看，我一星期挣得50元，这是2005年的时候。我还有家，娃娃还在读书。而后我离开厂，请人帮忙压汽锅，代着我的岗位了嘛，我自己给他开工资，就出来自己干，在家里做陶卖，有段时间又去帮人开车。我在厂里工作了28年8个月，厂倒闭了，买断工龄，1年给5000元，分得21万元左右。要这么跟你讲了，从2007年到2012年12月，我的工资都没涨，一直为460多元一月，实际领到手的是360元②。

为生活所迫，依靠着在厂中积淀起来的技艺，工艺美术陶厂的制陶师傅时逢稍宽松的政策以及政府支持，开始走上了创业之路，创办及经营自己的小作坊。也正是因为这些人的存在，不管目的的功利性有多强，它确实使得拉坯、制陶、烧陶技艺得以延续和传承下来。而更为关键的是，就在这样的劳动组织方式重现下，即回归到了个体户（以一个家庭为主）的形式，陶工窑户们的身份发生了转变，脱去了工人阶层的外衣，成了个体户、作坊主、老板，成为类似新中国成立前期大致被称为"小手工业者"和"资本家"的阶级群体。但是，区别于新中国成立前期的阶级成分划分所带来的低人一等的政治地位与身份，从20世纪90年代直至21世纪，商人、老板、企业老总这样的群体，却因习得的技艺及获得的经济收入，而赢得了相对高的社会地位。可以说，社会转型为这批人的成长提供了方便之路。约2002年之后，大大小小的紫

---

① 徐荣伟师傅讲述，访谈整理于2012年11月21日。
② 何广周师傅讲述，访谈整理于2012年7月28日。

陶作坊及店铺开始出现在碗窑村中，逐渐发展成集中于中、下碗窑路段的紫陶一条街。文人艺术类的紫陶制品开始出现在家庭作坊、个人陶艺工作室中。2014年整个碗窑，制陶人家有400多家。2014年之后，建水紫陶业的发展呈现井喷状，截止到2017年底，全县经工商局注册登记的紫陶生产个体户及企业已达1024户，从业人员达2.2万人。①

五 结论

20世纪50年代至21世纪初的建水紫陶业发展史，更具体为国家力量操控下的工艺美术陶厂紫陶生产制作的这段历史，并不能仅参考少量文字记载便知，而是需要深入实地调查研究。工艺美术陶厂红陶设计、生产、制作及销售过程亦需要再研究，它们是当前紫陶业发展现状的根源之一，是建水紫陶工艺属性由文人精英艺术转为大众艺术的转折期，对这段历史的考察与研究亦可以回答两个问题：①紫陶风格延续与变化的原因；②拉坯师傅在紫陶业发展过程，在紫陶工艺延续与创新中扮演着怎样的关键角色。

最迟从清朝道光年间细陶烟斗发明开始，经过匠人的不断改进，及文人的参与创制，创生了集书画、填刻与磨光工艺于一身的紫陶制品。多篇论文认为，紫陶工艺的诞生及艺术风格的形成，得益于书画文人的参与介入。文人书画及篆刻工艺促生了建水紫陶雅致与古朴的艺术风格，清朝与民国时期，情况确实如此，所以此期紫陶制品可归为文人艺术一类。但是，事实证明，紫陶风格一直随着时代的变化而变化着，原因并不能一概而论。如果说，清朝与民国时期，文人书画能力与文化修养直接影响着紫陶的属性及风格，那么，1949年新中国成立之后，集

---

① 此数据由徐荣伟师傅提供，2018年8月18日。

从陶器社到工艺美术陶厂：建水紫陶业的一段发展史研究

中在 60 年代至 90 年代中期，紫陶属性与艺术风格则更多地受国家二轻工业系统的统划及国家意识形态之影响，个人的能动性，随着文人阶层的消失而退居二线。更为关键的是，此期，如上文呈现分析的那样，随着隧道窑、石膏模具、空心刀技术力量的介入，红陶制品的数量增加，工艺美术陶厂以生产日用美术陶器物为主，尽管在一段时期中有汽锅的出口，并呈现出红火状态，但是，模式化、简单化、大批量的生产制造程序，已使得书画艺术不占据关键地位。同时，书画者数量的有限性、书画装饰水平总体下滑，使得建水紫陶又由文人艺术转化为大众艺术。建水紫陶"俗"化的起点早在工艺美术陶厂时期便已开始，[①] 而非源起于当代。那些生产制作于 80 年代末至 90 年代中期的，具有现代陶艺特色的茶壶、雕塑品、文具、台灯制品已表征着书画装饰的淡出。其背后更深层次的原因是，在约 40 年的文化制度管理下，书画持艺者渐渐退出了紫陶生产制作，就如徐姓报告人所言："缺乏人才"。

碗窑村的部分陶工匠人们先组成陶器生产合作小组，而后成立了陶器合作社，从那时起，一直到工艺美术陶厂成立、发展、倒闭，在建水紫陶制作生产中扮演关键角色的，一改往日的文人阶层，变为具有工人身份的拉坯师傅们。这样说，是因为如上文呈现的，当前作为中流砥柱的紫陶作坊主们、第一批"尝螃蟹"的人，其父辈往往是第一代于 1956 年入社的老陶工，他们从父亲及厂里的师傅那里习得技艺，其中有几位，在 1993 年后粗陶销售降低时，调入美术陶车间帮忙制泥、拉坯、造型，于是有了徐师傅、潘师傅、张师傅那样的创业者。适逢机遇，依靠自己过硬的技艺，他们率先走出工厂，办起了陶厂与个人家庭式作坊。他们将厂里习得、积淀的拉坯造型技艺、烧制技艺及相关的生产制作模式带出厂，延续了厂中紫陶生产制作的工艺程序与紫陶艺术风

---

① 在此"俗"化并非贬义词，而是"大众化"的含义。其表征是建水紫陶装饰语言沿用了模式化与程式化的梅、菊、竹、兰等一些人民大众喜闻乐见的吉祥图案。

格，并在炼泥与精修坯体上下功夫，使得所生产制作的紫陶器物亦有精品出现。更为关键的是，他们开始有意识地请县城里或省里出名的书画师，秉持书画即文化的传统观念，将紫陶工艺的价值又转换为书画内容及书画者名气的价值（后期，该传统观念逐渐变化，书画不再是唯一的价值判断标准，拉坯技艺也成为衡量一件紫陶器物价值的标准）。紫陶属性又有部分变为文人/精英艺术，离不开匠人们个人的努力。匠人在紫陶工艺风格延续与创新中的作用，一直以来被忽视或误论，大多数文章论述了文人参与的重要作用，但是，在工艺美术陶厂及当前的紫陶发展史研究中，恰恰可以看到匠人在工艺延续与创新中的重要作用。他们是传统制陶观念的秉持者、技艺的延续人，同时也是传统制陶观念的颠覆者。

如艺术史家白谦慎在对清代金石学家、书画家吴大澂与拓碑帖工匠的互动研究中指出的那样："在匠人技术和文人趣味之间有一种积极地、不断地彼此刺激和筛选的互动关系……正是在审美趣味和传拓技术的积极互动中，产生出传之久远的精拓。"[①] 建水紫陶艺术风格正是在文人书画者审美趣味及其书画篆刻实践行为和陶工匠人技艺的积极互动中得以形成并走向成熟的。在技艺与审美趣味互动中，存在一种促发技艺更上一层楼的动力，这一动力，早期源于匠人阶层向文人书画者身份的攀附及审美趣味的借鉴，而在当代，则更多源于匠人们对制坯技艺的自信、肯定与再认识。就在这一种潜移默化的过程中，紫陶艺术风格发生改变，实现了紫陶属性由民间艺术转化为文人艺术，又转化为大众艺术，继而又转化为文人艺术的变化。所以，对当代紫陶工艺延续与创新的研究，我们既要关注书画文人所起的作用，也不可忽略陶工匠人所扮演的重要角色。

---

① 白谦慎：《吴大澂和他的拓工》，海豚出版社，2013，第93、101页。

论傣族乐器光邦的象征功能

金 红*

摘 要：光邦是流传于云南省德宏州盈江县支那乡支那村的傣族膜鸣乐器。本文将对"物"的象征功能的科学解释作为物质文化认知的意义探索，揭示了其在各类宗教仪式和民俗活动中的应用行为与文化之间的关系，从而获得对光邦这一"物"的深层解读。光邦在不同时间和不同场合中的应用，因其所处特殊环境的差异而有着多种不同的象征意义和特殊价值。在稻作文化映射下，它是沟通神灵、达成愿望的人格化象征；在神圣和世俗场域中，它作为语言象征而达成人们和谐相处的沟通愿景；在节庆活动场景中，光邦鼓声作为虚拟符号成为傣族先民生存空间地域边界的象征。乐器光邦以其象征功能的独特价值，在民心相通构建中使社会秩序和谐有序，从而揭示出"物"的存在是其内在功能对外部所起作用而满足外部需求的结果。

关键词：光邦；象征功能；人格化；语言；地域边界

文化是在人类的某种生存状态下，为了适应其自然或社会而形成的某种符号，而没有符号和象征就不会有文化的产生。把物品看作符号和象征物，从而透视和理解被研究文化的象征功能，是当前人类学关于物质文化认知的主要观点之一。[①] 格尔兹所主张的文化概念即符号学

---

* 金红，云南民族大学民族研究所博士后，主要从事民族音乐学和艺术人类学的研究。
[①] 庄孔韶：《人类学概论》，中国人民大学出版社，2006，第129~130页。

(Smeoitic) 概念认为，象征就是符号的指代，① 即象征也是文化的指代。将对"物"的象征功能的科学解释作为物质文化认知的意义探索，可以揭示人们行为与文化之间的关系、揭示文化产生和存在过程中需求与功能之间的关系，从而获得对"物"的深层解读。

作为"物"的傣族乐器光邦（kuangbong）② 是云南省德宏州盈江县支那乡支那村的传统膜鸣乐器，汉语又称其为双面鼓或大小头鼓。演奏光邦时，用布带连接鼓的两端，挂于脖颈、置于腰腹部。左手五指敲击小头鼓面，右手持一个缠有布条的木槌敲击大头鼓面。同时，配以铓、镲合奏，节奏铿锵、韵味古朴。光邦被广泛应用于当地傣族的奘房③祈福、春节走亲串寨拜年、祭奠已故老人、迎客送友等宗教仪式和民俗活动中。其产生与发展经历了物质→精神→象征的演绎。就物质而言，光邦是支那村傣族独有的乐器；就精神而言，它是傣族人民宗教信仰的精神依托，是人、神沟通的桥梁与媒介。不仅如此，这一发展脉络中，光邦在不同时间和不同场合中的应用，象征性地再现着其他事物、意识和行为，并因其所处特殊环境的差异而昭示着不同的象征功能。光邦是支那村傣族的文化象征，依附光邦所形成的每个风俗与信仰在该社区的社会生活中扮演着某些决定性的角色，构建起现实和象征两个世界。其不仅是群体间相互关联的整个体系，能产生该民族群体成员对本民族的归属感和感情依附等稳定心理特征，也是在社会过程和日常体验场景中自然产生的和谐社会秩序。正是光邦在和谐民心、和谐社会中扮演的重要角色所彰显的象征功能，揭示出"物"的存在是其内在功能对外部所起作用而满足外部需求的结果，使其具有了可研究性。

---

① 孙秋云：《文化人类学教程》，民族出版社，2004，第82页。
② "光邦"系傣语，此为国际音标注音。
③ 奘房是云南德宏傣族地区南传上座部佛教的寺院。

论傣族乐器光邦的象征功能

一 稻作文化映射下的人格化象征

在少数民族音乐文化中，赋予乐器以人格化并不鲜见。而光邦在稻作文化生态格局中，其赋予乐器人格化的功能应用更为凸显。在支那村的各类宗教仪式和民俗活动中，每次演奏光邦之前，人们都要在其鼓面上洒冷水，往鼓身上的小孔里注入白酒或清水。寨民们说："在光邦上面洒上冷水一是为了软化鼓身，使它发出来的声音清脆好听；二是清洗一下鼓身上的灰尘，敲奏时就不会把敲奏者的衣服弄脏了。"① 也有的寨民说："光邦敲击一段时间后，鼓身就会发热，发出的声音也就不响亮、传不远了。所以，我们要往鼓身的小孔里注入冷水或者酒，目的是冷却发热的鼓身，保证音色的响亮。"② 此外，每年七八月间，支那村各村寨的妇女都会聚集在奘房制作帕光③。春节大年初一拜年的清晨，寨民们就给每支光邦披上这块新做的帕光。当地人说："这是我们的风俗，每年都要做帕光，每年春节过年时都要给光邦披上一块新的帕光。没什么意思，老祖宗就是这样传下来的。"④ 帕光的图案是用小的彩色塑料珠子穿编成的一个个菱形图案，支那村16个村寨的帕光都是这样的图案。当问及为什么要把帕光的图案制作成菱形时，年轻人说："我们每年做帕光都是做成这种菱形图案，老人们就是这样教我们做的。"⑤ 老人们说："我们年轻时生活条件不好，我们穿的衣服都是自己用麻线织布制作而成的。那时候织出的布的图案就是这种菱形的图案。所以，

---

① 2015年1月26日，笔者对支那村蛮棒寨帕保安（男，62岁）的访谈。
② 2015年2月10日，笔者对支那村蛮老寨陈朝圣（男，36岁）的访谈。
③ "帕光"系傣语。"帕"是"衣服"的意思，"光"是"鼓"的意思，"帕光"意为"鼓的衣服"。
④ 2015年8月29日，笔者对支那村三府寨孟咪早应（女，34岁）的访谈。
⑤ 2015年8月27日，笔者对支那村三府寨孟咪有珍（女，29岁）的访谈。

我们把给鼓穿的衣服的图案也做成和我们人穿的衣服的图案一样。虽然,现在生活好了,不需要再自己织布做衣服了。但是,把帕光的图案仍然做成以前衣服的菱形图案,已经成为习惯了。"[1] 这些以行动者为取向的解释,是只有"本土人"才能做的第一层阐释——因为这是他们的文化[2]。稻作文化映射背景下的这些文化现象,如给光邦洒水和注水、制作帕光、帕光的菱形图案以及给光邦披上帕光等,是支那村当地傣民的价值观、态度和信念所形成的人类行为过程的结果。其不仅是人们为自己创造出来的东西,更是光邦人格化象征的外部显现。

由于傣族地区的稻作文化与生活息息相关,在各类民俗中无不渗透出以鼓乐祈求丰收的愿望。如傣族的象脚鼓在敲击以前,要"以蒸熟之糯米饭揉成一圈,贴于鼓皮正中,握拳击饭圈上"[3]。申波教授认为,傣族的象脚鼓源于稻作民族蒸米饭时用的甑子。将糯米饭揉圈贴于鼓面上击之,这其实出于一种象征意义。只有如此,甑子中的米饭才会永远丰满[4]。此时,人们已把象脚鼓人格化,当人吃糯米饭时也要让鼓一起吃糯米饭。人们认为,只有用糯米饭犒劳了象脚鼓,敲击时产生的声响才能敬畏谷神,使庄稼丰产、谷物繁殖,甑子中的米饭也才会永远丰满。

以上实例说明,对文化的分析不是一种寻求规律的实验科学,而是一种探求意义的解释科学,其实质就是解析及分析表面上神秘莫测的社会表达[5]。光邦演奏前的洒水、注酒等表面行为,起到了软化鼓身、校

---

[1] 2015年8月30日,笔者对支那村蛮朵寨管咪玉芳(女,62岁)的访谈。
[2] 〔美〕克利福德·格尔兹:《文化的解释》,纳日碧力戈等译,上海人民出版社,2002,第17页。
[3] 朱海鹰:《泰国缅甸音乐概论》,远方出版社,2003,第73页。
[4] 申波:《鼓语通神——云南少数民族鼓乐文化研究》,人民音乐出版社,2014,第156页。
[5] 〔美〕克利福德·格尔兹:《文化的解释》,纳日碧力戈等译,上海人民出版社,2002,第5页。

论傣族乐器光邦的象征功能

正音色的实际功效,但此文化现象的背后却是如同象脚鼓贴饭圈所折射出的"以己度物"的思维方式和社会表达。它不仅表达了祈求神灵以庇护谷物丰收的心理意象,更是祈求谷物繁殖的人格化象征。"以前春天薅秧和秋天丰收的时候,我们村寨都要敲着光邦去祭谷神,还要唱薅秧歌。如果连续三年干旱,我们还要做阿露①,敲着光邦做很多仪式,祈求下雨,祈求老天保佑庄稼丰收。现在科学发达了,都是科学种田,每年都丰收,也就不用再做这些祈求的事了。"② 如今,虽然看不到敲着光邦祈求谷物丰收、祈求万物繁殖的祭祀活动,但"万物有灵"的交感心理仍然存在于光邦敲奏的过程中。敲奏前的洒水、敲奏过程中的注水、注酒,就是以鼓乐祈求丰收过程中"以水击鼓、以酒劳鼓"的形式外化。这种用人格化的方法来同化自然力的行为,正是支那村傣族先民借助光邦声响、通过相关仪式构成的功利中转站,以换取象征价值的具体体现③。

光邦作为祈求神灵以庇护谷物丰收的人格化象征物,其所具有的特殊身份必然导致人们对其进一步的取悦与犒劳。"过年时,我们人都穿上新衣服了,所以我们也要给光邦穿上新衣服,大家一起快乐地过年。光邦漂亮了、高兴了,它才能把我们的心愿告诉神灵。"④ 这样的话语,正道出了光邦作为村寨一员的人格化象征意义。春节时,每个寨民都要穿上新衣服过年,有辞旧迎新之意。光邦作为可以在祭祀仪式中沟通谷神的重要媒介和工具,在被赋予人格化象征角色的同时,也需要像人一样穿上一件新衣服,以达到更好的娱神目的。在这种精神意识的驱动下,支那村形成了每年7月、8月利用农闲时期各村寨妇女为光邦制作

---

① 阿露是祈求庄稼丰收的大型祭祀活动。
② 2015年7月31日,笔者对支那村蛮奔寨早有连(男,63岁)的访谈。
③ 申波:《鼓语通神——云南少数民族鼓乐文化研究》,人民音乐出版社,2014,第171页。
④ 2015年2月11日,对支那村蛮朵寨管咪连芳(女,53岁)的访谈。

帕光的风俗。其目的是让光邦这一村寨的社会成员，在过年时也和寨民们一样，穿上新衣服到处串寨子拜年，使其娱神和祈福的效果更加灵验。在稻作文化映射的场景中，光邦是沟通谷神的媒介和神物，要想鼓乐悦神、达成愿望，给鼓穿上新衣服就成为一种行为的符号表达，是人们为了祈福成功而用帕光慰劳鼓具的又一形式外化。此外，人们为光邦制作的这件新衣服帕光的图案编织与早年人们织布制衣的菱形图案相似这一现象，也显现出光邦人格化象征的含义。因为光邦在农事风俗活动中的特殊地位，傣族先民们在生活条件有限的情形下，把日常织布制衣的菱形图案映射并沿用到被拟人化看待的光邦衣服上，把事物与事物之间的相似性和联系性作为人格化象征的一种重要思维方式。帕光有如隐喻，它借助与人们衣服图案有类似的品质或在事实上和思维上的联系，而使人们联想起光邦像人一样穿上新衣服。此时，人们已把光邦人格化，当过年时人们辞旧迎新穿上新衣服，也要让鼓一起辞旧迎新穿上一件新衣服。人们认为，只有用帕光这件新衣服犒劳了光邦、用酒水慰劳并取悦光邦，敲击光邦时产生的声响才能打动神灵，光邦这一人格化象征物才乐意把人们的精神夙愿更好地传递给神灵，神灵的神性也才能更为灵验。

　　光邦作为人们精神诉求表达的载体，让它有酒喝、有新衣服穿，也就预示着来年五谷丰登、人们衣食无忧。用皮尔斯符号构成要素的理论来分析，符号的构成要素分为符号形体、符号对象和符号解释三元关系[①]。此时的符号形体是光邦，符号对象是傣族民众，而其符号解释是光邦向神灵传达傣族民众对谷物丰收、万物繁殖及美好生活的祈求。光邦由此具有了拟人化象征意义，它也随之被赋予了人格化的象征功能。

[①] 瞿明安、陈玉平：《论符号学与象征人类学的渊源关系》，《青海民族研究》2013年第1期，第11~15页。

二　神圣与世俗场域中的语言化象征

在世界各地的音乐文化中，音乐成为一种只有社会的某一部分人才懂得的"秘密"语言[①]。如非洲赞名（Praise name）[②]或鼓语等许多民族打击乐器被赋予共同体成员所默认的象征性含义并以此实现沟通[③]。光邦在支那村的各类活动中搭建了人与神、人与魂、人与人的心灵渠道，其作为特定文化区域的特殊沟通方式因承载着抽象的或难以表达的情感而具有语言象征的功能。

首先，光邦的语言化象征表现为宗教仪式与民俗活动中存在的某些不必经过语言就能被传递的信息。支那村傣民每一次在奘房内面对佛像的敲奏，就是把心中的夙愿蕴含于光邦发出的声响中，通过音声传递给佛祖以祈求得到护佑。敲打的目的是实现与神的沟通，这也从某种层面印证了古人"乐者，天地之和"的论断。每年腊月十五至大年三十的晚上在奘房敲响光邦，预示着春节即将到来，用鼓声提示寨民做好迎接春节的各项准备，这时的光邦声音是对一年的总结，也是对新的一年的期盼与展望。每年大年初一的走亲串寨拜年活动，演奏者面对民众尽情展演光邦鼓舞，拜年的祝福话语被光邦音声所取代。演奏者用鼓声传达着人与人之间的节日问候，以增进村寨间的友好关系。拜年路途中的斗鼓比赛，不仅是村寨间光邦演奏技艺的较量，更是用光邦演奏的姿态与声响传递给人们一个重要信息，即村寨的实力与寨民的精神面貌。春节

[①]〔美〕艾伦·帕·梅里亚姆：《音乐人类学》，穆谦译，陈铭道校，人民音乐出版社，2012，第219页。

[②] Praise name，非洲人的称号，用来讲述一个人的身份、籍贯、部落、家族等，以歌唱的形式表达出来。——作者注

[③] 申波：《鼓语通神——云南少数民族鼓乐文化研究》，人民音乐出版社，2014，第11页。

期间祭奠已故老人仪式中，人们用敲击光邦的方式与亡者的灵魂沟通，光邦声响传递的是人与亡魂之间的对话。各类宗教及民俗活动场域中迎客送友的环节，寨民们都会组织光邦队在村口迎接或送别友人。此时的光邦敲奏用鼓语音声的强弱与快慢变化表达着朋友之间、村寨之间的彼此尊敬和谢意。正如老知青们回乡探访时的送别场景，人们用泪水伴随鼓声传递着心中的伤感与不舍，光邦的音响象征了朋友间真挚的情感与惜别之情。在这些宗教仪式和民俗活动中，敲奏光邦是人之情与人之理的适当表达形式，这实际上是把各种敲击场合看作人们用以沟通人与人、人与超自然之间关系的一种信息传递方式。这些风俗都以最简单的光邦敲奏及所发出的声响来传递不同的言语信息。在长年的惯例习俗中，光邦的声音已经成为言语表达的符号载体，是一种只有支那村傣民才懂得的"秘密"语言。光邦的鼓语音声被赋予支那村共同体成员所默认的象征性含义，这一象征性含义以最简明的敲奏形式来代表语言表达的多重意义，① 以此实现了各类形式的沟通。于此，"艺术可以被界定为一种语言"②，光邦也就成了当地傣民传递信息及表达情感的语言化象征。

其次，光邦的语言化象征也表现为演奏中的动作暗示。光邦的演奏是多种节奏型的即兴组合，演奏怎样的节奏型完全由站在最前面的带头者来决定。而这种对固有节奏型即兴组合的决定，并不进行事先的商议，而是在演奏过程中依据带头者的兴致和对节奏型的掌握程度来临时决定的。"我们演奏的节奏并不是固定不变的，所有的节奏型大家都已经会敲了。正式敲的时候，我们就听着带头那个人的节奏。他要换节奏时，左手会快速敲击左边的小头鼓面'邦邦'两次，我们站在后面的

---

① 朱炳祥：《社会人类学》，武汉大学出版社，2004，第71页。
② 〔美〕艾伦·帕·梅里亚姆：《音乐人类学》，穆谦译，陈铭道校，人民音乐出版社，2012，第219页。

论傣族乐器光邦的象征功能

人听到这个声音,就有心理准备了,就知道他要换节奏了。我们只要一听开始的节奏,再看看他的敲击手法,就知道要换敲什么节奏型了。大家也就能在不知不觉当中更换节奏型,并且始终都是整齐地演奏。我们换节奏不用嘴巴讲的,大家都是从小就听就看就敲光邦的,听了几十年了,闭着眼睛一听心中就明白了。"[①] 由此可知,光邦演奏中左手快速敲击的"邦邦"两次节奏型,这一个小小的动作就是光邦的一切,这一种细微的文化就是一种示意动作[②]。整个敲奏过程不需要言语的提醒和交代,"邦邦"两次的快速敲奏,成为提醒站在后面的鼓手准备换节奏的暗示。在整个演奏过程中,左手敲击的"邦邦"声不仅是光邦节奏,更是一种代替了人类语言表达的演奏示意动作。这一示意动作是非语言符号的信息传递方式,是隐藏在光邦节奏之中而被人们传递出来的信息和密码[③]。这一"秘密"语言使整个演奏整齐划一、自然流畅。

最后,光邦的语言化象征还体现在贺新房仪式上。任何一个地方的贺新房活动都会通过特定文化区域认可的一种方式来表达大家的共同祝愿。西双版纳地区的贺新房会邀请赞哈歌手演唱赞哈调以表庆贺;孟连地区的贺新房会请老人演唱传统歌调表示祝福;佤族地区贺新房需要剽牛做鬼、说吉祥话等。虽然不同地区贺新房的方式不同,但目的几乎一致。目的之一,就是通过人们之间的相互祝贺来暖暖房子,使房子聚结人气。目的之二,是通过这样的庆贺活动来证明新房子这个空间的归属性,庆贺仪式就是这一空间在社区里合法化、秩序化的一个过程。通过贺新房使大家知道这房子是属于谁家的,庆贺仪式是对这个空间在村寨中的定位,也是对空间结构的确定。支那村贺新房活动的目的与其他地

---

① 2015年1月18日,笔者对支那村蛮海寨向某(男,48岁)的访谈。
② 〔美〕克利福德·格尔兹:《文化的解释》,纳日碧力戈等译,上海人民出版社,2002,第6页。
③ 瞿明安:《论象征的基本特征》,《民族研究》2007年第5期,第56~65页。

区贺新房的目的并无不同,但是通过光邦演奏这种大家都已经认可的形式来实现以上两个目的。支那村光邦贺新房仪式用光邦发出的声响对新房主人表示庆贺与祝福,同时,通过光邦敲击的声响对新房这个住所空间的所有权予以肯定,光邦与空间之间形成了一种互相对应的配置关系,通过光邦在这个物理空间里敲起来这件事使房子成为社区公认的新空间。贺新房时,前往庆贺的人们用鼓声告诉全体寨民新空间的存在与所有权的归属。此时,这个住所空间在更大的社区空间里被结构化了。在热闹的庆贺活动中,支那村贺新房的两个目的通过共享的光邦文化符号来达成,光邦声响取代了语言的奔走相告,完成了对新空间的肯定与确认。敲奏光邦成为贺新房的具体表现形式,通过类比联想的思维方式,鼓声被视为一种能够传递信息和表达空间概念的语言化象征体系[1]。

光邦在以上风俗中超越了日常语言的表达,而用一种"艺术的手段"来加强仪式的神圣性和情感的真实性。由此,作为语言表达的物质媒介,此时的象征符号形体是光邦,符号对象是人类语言,而其符号解释是用光邦声响代替人类语言的表达来传递信息和情感。在光邦神圣背景下的人与神、人与魂的沟通以及世俗场域下的人际交流,使光邦彰显出语言化的象征功能。

三 节庆活动场景下生存空间地域边界的象征

光邦在节庆活动中被广泛应用,春节是光邦应用最为普遍的场景。在支那村有一个传统风俗,就是在每年大年初一全天,各个村寨的男性寨民们要背上光邦走遍16个村寨,逐一向各个村寨的寨民拜年。这个

---

[1] 瞿明安:《论象征的基本特征》,《民族研究》2007年第5期,第56~65页。

论傣族乐器光邦的象征功能

习俗周而复始,循环往复,世代相传至今。以光邦为载体的拜年活动,无论是出于娱神还是娱人的目的,都为光邦的展演提供了空间。从表面上看,光邦拜年这一关乎所有寨民的风俗活动,实质上整合了不同姓氏、不同家庭、不同的人,使大家在年复一年的仪式中保持团结,是加强村寨中人们情感联系的活动。但从更深层的内涵来看,光邦在春节拜年场景中的展演与支那村傣族生存空间的地域边界象征有着密切关联。

首先,关于支那村傣族为什么会形成敲光邦拜年这一风俗,需要联系当地历史叙述进行探讨。在支那村调查时,总有寨民这样说:"听家里老人说,最早住在坝子里的是景颇族,后来他们搬到半山腰居住,那里更适合他们的生活习俗。我们的祖先来到支那这个坝子,发现这里是个很适合生活的好地方。于是就逐渐迁徙到这里生活了。"① 在景颇族寨民中也有类似的说法:"我们的祖先是住在山下坝子里的,后来逐渐搬到现在的半山腰居住。"②

这一历史叙事可在支那乡傣族与景颇族的生活现实场景中得到证实。如今的生存环境仍然是傣族独居在坝子里,景颇族居住在山脚或半山腰地区。现实生存境地与历史叙述中的说法完全相符,生存空间改变这一历史事件正是支那村傣族先民形成光邦走亲串寨拜年风俗的根源所在。"春节敲光邦拜年是我们祖上就传下来的风俗。我们傣族是逐渐迁徙到支那坝子居住的,一开始来的人很少,慢慢地才越来越多的。来的傣族按姓氏分散在坝子的各个地方居住,形成了许多小村落。我们的祖先为了增强傣族的凝聚力、增进感情,就背上光邦在大年初一时到各个村寨去拜年,使不同时期迁徙到支那坝子的傣族都能够团结在一起。"③

---

① 2015 年 9 月 3 日,笔者对支那村蛮老寨陈波朝安(男,78 岁)的访谈。
② 2015 年 8 月 21 日,笔者对支那乡崩董村排兴福(男,景颇族,68 岁)的访谈。
③ 2015 年 7 月 13 日,笔者对支那村蛮海寨向大圣(男,63 岁)的访谈。

"光邦走亲串寨拜年就是为了搞好人际关系。"①

生物通过自身的变异以适应自然界的变化,最终得以生存下去,即适者生存的竞争原则②。这条生物进化理论同样也适用于人类社会的发展。支那村傣族先民把乐器光邦创新性地用于春节走亲串寨拜年活动,就是人们适应生存环境变化的演绎。支那村传统风俗大年初一敲着光邦拜年的目的是增进民族团结,这正是进化论引入人类社会领域提出的"恃人力"进化史观的佐证。"民人者,固动物之类也",③ 人同其他动物一样,也是"天演中之一境",必然也遵循进化规律。但是人并不是完全被动地顺天待命,只要能通过各种方式结合起来,就能"恃人力"以"与天争胜"。人要想在"天演"的过程中求生存,就要团结起来,发挥人的主观能动性④。因此,支那村春节走亲串寨拜年风俗的形成,就是在"天演"过程中团结起来求生存的社会表现。

与此同时,光邦在春节拜年场景中的展演是支那村傣族生存空间的地域边界象征。由于人的生命活动是实现人的目的性要求的活动,把自己的目的性要求变成人所希望实现的活动,就是人类"合目的性"和"合规律性"的统一⑤。因此,每一种民间风俗的形成都有其目的性的要求。光邦拜年风俗形成的"合目的性"和"合规律性"可从访谈内容得以知晓。"光邦拜年不但能增进感情、增强团结,还有一个更重要的作用是光邦声响传达到的地方,就是我们傣族人的地盘。"⑥ 支那乡

---

① 2015 年 8 月 27 日,笔者对支那村蛮海寨早大文(男,62 岁)的访谈。
② 张航:《理解与启蒙:19 世纪末 20 世纪初进化论在中国的传播》,《安庆师范学院学报》(社会科学版)2000 年第 2 期,第 74~78 页。
③ 严复:《严复集》,中华书局,1986,第 16 页。
④ 王贻社:《中国近代进化论哲学的发展演变》,《山东大学学报》(哲学社会科学版)2004 年第 3 期,第 97~102 页。
⑤ 孙正聿:《辩证法研究(下)》,吉林人民出版社,2007,第 134 页。
⑥ 2015 年 2 月 28 日,笔者对支那村蛮海寨寨民向明志(男,65 岁)的访谈。

论傣族乐器光邦的象征功能

是多民族杂居区域,全乡除居住着景颇族以外,还有傈僳族、回族和汉族。作为逐渐迁徙到支那坝子生存的傣族来说,如何在民族杂居地区巩固新得来的生存空间就显得尤为重要。因为支那村傣族先民生存空间的确认需要彰显民族实力、增强民族凝聚力、促进民族团结,所以,支那村傣族先民把乐器光邦创新性地应用于春节走亲串寨拜年活动。"人由散而集,是由于自存自利的竞争本性所驱使"①,"人类以德成群,就能胜天"②。初到支那坝子的傣族先民们深知,只有不断地改变自己的生存方式以适应外界环境的变化才能生存③。于是,傣族先民把传统的乐器光邦随身携带,利用春节大年初一走亲串寨拜年活动的契机,把散居在坝子各个角落的傣族人团结起来,彰显傣族实力并增强族群凝聚力。光邦声响是傣族民众对自己生存领地确认的媒介与工具,凡是鼓声能够传达到的地方都被当地居民认为是傣族的空间领地。同时,光邦声响所能传达的地方,也就被视为傣族村落的象征性边界,乐器光邦也就在这一过程中成为支那村傣族民众巩固生存空间地域边界的象征物。

通过一年一度的光邦走亲串寨拜年活动,支那村的傣族将16个村寨的人际关系联结起来,并最终形成了一个整体的傣族社会关系网络。光邦拜年是增强民族团结以实现傣族先民巩固生存空间的"合目的性"和"合规律性"的统一。通过光邦声音的传递范围来确认生存空间的拜年行为,使光邦声响成为支那村傣族生存空间地域边界的象征。此时的象征符号形体是光邦,符号对象是地域边界,而其符号解释是用光邦声响确立族群生存空间的地域边界。傣族先民用这样的适应性生存方

---

① 陈国庆、刘惠娟:《严复对进化论的选择与创新》,《西北大学学报》(哲学社会科学版)2003年第1期,第36~40页。
② 王贻社:《中国近代进化论哲学的发展演变》,《山东大学学报》(哲学社会科学版)2004年第3期,第97~102页。
③ 张航:《理解与启蒙:19世纪末20世纪初进化论在中国的传播》,《安庆师范学院学报》(社会科学版)2000年第2期,第74~78页。

式,实现了对新的生存空间的确立与延续。如今,支那村傣族已经不再需要使用光邦的声音去巩固自己的生存地界,但光邦声响作为地域边界象征的思维定式在岁月的洗练中形成了惯例。光邦不仅是特殊历史事件的生存空间地域边界的象征,更是文化接触情形下所产生的一种社会秩序与生活方式①。

综观依附光邦所形成的各类风俗,作为区域性文化和音乐研究的核心问题,光邦与其他事物一样,之所以能够在当地鲜活地传承发展,是因为它对当地社会和民众所发挥的作用。这些作用是在满足人们各种需求的基础上产生的,也是通过因光邦所处特殊环境差异的应用而产生的多种不同象征功能所具有的独特价值来显现的。在稻作文化映射下,光邦是沟通神灵,祈求风调雨顺、五谷丰登,以鼓乐悦神、实现愿望为归旨的人格化象征。通过仪式的拟人化形式外化,强化了宗教祈求的心愿表达,使人们的心理压力和诉求得以释放和宣泄,以平衡心态、和谐人心。在神圣和世俗场域中,光邦是一种超越了人类日常语言的神奇之物,人们通过鼓语音声的语言化象征来沟通民心、增强民族凝聚力,使社会和谐、民族团结,从而达成和谐相处的沟通愿景。在春节拜年场景中,光邦鼓声作为虚拟象征符号被视为傣族村落的象征性边界,乐器光邦也在这一过程中成为傣族先民生存空间地域边界的象征符号。光邦在成为族群区域文化标识的同时,也促进了云南边疆少数民族杂居环境中多民族和谐共处的社会秩序。光邦的敲奏已不仅仅是纯粹的艺术活动,敲奏这种象征性行为是超越了音乐物质作用而形成的纯粹的观念和精神的结果②。只要光邦在特定的场合出现,进入这个文化圈中的所有人就能够理解不同场景敲击光邦的不同含义,他们共享了光邦的隐喻。光邦也以其象征功能的独特价值,在民心相通构建中与支那村特定的地域、

---

① 黄应贵:《物与物质文化》,中研院民族学研究所,2004,第13页。
② 洛秦:《音乐中的文化与文化中的音乐》,上海书画出版社,2004,第36页。

特定的文化和特定的人群紧密相连，使人心和谐、人际和谐，构建了和谐有序的社会秩序。光邦象征功能体现了"需求"和"功能"这两个核心概念，① 光邦的存在满足了人们和社会的特定需求，因此，光邦在和谐民心、和谐社会中所具有的独特价值，使其历经岁月洗礼后仍然保存至今。这也正是在众多少数民族音乐艺术文化濒临消亡的当下，光邦仍然能够鲜活传承和发展的真正原因。本文通过对光邦象征功能的研究，揭示出"物"的存在是其内在功能对外部起到作用而满足外部需求的结果。这一观点，对器物的相关研究或民族音乐文化研究具有一定的启示。

参考文献

庄孔韶：《人类学概论》，中国人民大学出版社，2006。

孙秋云：《文化人类学教程》，民族出版社，2004。

〔美〕克利福德·格尔兹：《文化的解释》，纳日碧力戈等译，上海人民出版社，2002。

朱海鹰：《泰国缅甸音乐概论》，远方出版社，2003。

申波：《鼓语通神——云南少数民族鼓乐文化研究》，人民音乐出版社，2014。

瞿明安、陈玉平：《论符号学与象征人类学的渊源关系》，《青海民族研究》2013年第1期。

〔美〕艾伦·帕·梅里亚姆：《音乐人类学》，穆谦译，陈铭道校，人民音乐出版社，2012。

朱炳祥：《社会人类学》，武汉大学出版社，2004。

瞿明安：《论象征的基本特征》，《民族研究》2007年第5期。

张航：《理解与启蒙：19世纪末20世纪初进化论在中国的传播》，《安庆师范学院学报》（社会科学版）2000年第2期。

---

① 庄孔韶：《人类学概论》，中国人民大学出版社，2006，第83页。

严复：《严复集》，中华书局，1986。

王贻社：《中国近代进化论哲学的发展演变》，《山东大学学报》（哲学社会科学版）2004年第3期。

孙正聿：《辩证法研究（下）》，吉林人民出版社，2007。

陈国庆、刘惠娟：《严复对进化论的选择与创新》，《西北大学学报》（哲学社会科学版）2003年第1期。

黄应贵：《物与物质文化》，中研院民族学研究所，2004。

洛秦：《音乐中的文化与文化中的音乐》，上海书画出版社，2004。

中国武术当代发展：机遇、困境与理路

李　臣[*]

摘　要：本文采用文献资料、文本分析等研究方法，运用文化学、历史学、哲学等交叉学科理论知识，以"文化强国"国家战略为引领，对中国武术当代发展的机遇、现实困境和破解理路进行了学理分析与设计。研究认为，文化"走出去"国家意志的不断强化和"文化中国"国家形象的有序建构，在促使中国武术海外传播载体效益、好感度和认可度呈现新特点的同时，也迫使中国武术遭遇因民族特性淡化产生的身份迷失、价值取向同化带来的认同危机等现实困境。以中华文化精髓为支撑，深入挖掘中国武术的文化元素；以社会变迁逻辑为理路，建构彰显自身品格的新型场域；以中华性格本质为要义，精准呈现中国武术核心竞争力等破解理路，理应成为中国武术当代发展的逻辑支点和重要遵循。

关键词：中国武术；文化中国；文化"走出去"

一　前言

党的十八大以来，以习近平同志为核心的党中央审时度势站在时代

---

[*] 李臣，博士，教授，博士后，硕士生导师，研究方向为武术文化与发展。

前沿，引领风气之先，把中华文化的发展提升至前所未有的高度。这一重要举措，不仅为"文化中国"国家形象的塑造增添了文化自信的底气和勇气，还为"坚持中国特色社会主义文化发展道路，激发全民族文化创新创造活力，建设社会主义文化强国"[①]国家意志的不断强化植入了国家层面的理论政策支持，更为中华文化独一无二的理念、智慧、气度、神韵等价值内涵的深度挖掘与阐发，给予了必要的新型动力源泉。然而，仔细考量中华文化在当今时代获得如此崇高待遇的真正原因，与其说是中国主动适应世界和世界选择中国的必然结果，倒不如说是中华文化透显的中国智慧、中国方案和中国力量，为应对当前世界范围内思想、观念、文化、道德、生态等领域出现的社会问题，所做出的独特贡献。

中国武术伴随中华优秀传统文化一路走来，成为中华文化"走出去"的重要代表元素。长期以来专家和学者将其视作"积淀着中华民族最深沉的精神追求，代表着中华民族最独特的精神标识"的身体文化符号，并从文化、生态、教育、艺术、产业、健康等视角，对其内隐的多元势力进行了不同程度的阐释，取得了令人欣喜的骄人成就。但是，倘若中国武术要在信息化、媒体化、网络化等普适度日益加深的当今时代，既能够精准呈现中华优秀传统文化的思想精髓，又能够有效借鉴西方竞技体育理念和方法生出新型业态，不仅需要相关领域专家和学者勇立时代潮头建言献策，还需要业界研究者从中国武术的现状出发，透析其当代发展所面临的机遇，理性解读其当前发展可能存在的现实困境，进而规划设计新时代中国武术健康有序前进的破解理路。

---

① 新华社：《决胜全面建成小康社会 夺取新时代中国特色社会主义伟大胜利》，《人民日报》2017年10月19日，第3版。

中国武术当代发展：机遇、困境与理路

二 中国武术当代发展面临的机遇透析

全方位、广角度透析中国武术当代发展上升为国家"文化强国"战略的时代背景，对于把握其前所未有的历史机遇意义重大。这不仅关乎中国武术当代发展整体效益的理论支撑问题，还体现在以此为逻辑支点的国内交叉合力和国外客观现实双重实践效能的具体呈现上。因此，审视中国武术当代发展面临的机遇，也应从国内和国际两个层面展开分析。

（一）文化"走出去"国家意志的不断强化，助推中国武术海外传播载体效益提升

自 20 世纪 80 年代国家层面提出文化"走出去"发展战略以来，"我国已进入继承、吸收、发展和创造自身新文化的历史时期，并且依据该战略，就是要在继续吸收外来优秀文化的同时，使文化'引进来'和'走出去'紧密结合起来，转变以往吸收多而输出少的局面，形成双向、均衡交流和传播的新格局"[①]。文化发展的核心要义，促使中华文化在国际上的影响力不断增强，同时也使得其对国际政治、经济新秩序和新模式构建的积极效益有序彰显，对人类文明进步所展现的正向效能次第释放。

西方国家思想、文化、观念等领域暴露的问题接连出现，使得西方国家转移目光，以东方文化为源头找寻实践应答方案的愿望日益强烈。中华文化凸显的集体主义、天人合一、道法自然等思想理念，对于解决以西方价值观为基底所产生的社会负面问题具有积极价值。中国方案，横空出世。中国人"各美其美、美人之美、美美与共、天下大同"的

---

① 齐勇峰：《中国文化产业十家论集：齐勇峰集》，云南大学出版社，2016，第 116～119 页。

崇高愿景，适时提出的"一带一路"倡议及其借助加强人文交流促进民心相通、增信释疑、凝心聚力等的相应措施，促使国际社会广泛参与构建"人类命运共同体"等共识的有序达成，都是"把握人类利益和价值的共同性，在国与国关系中寻求最大公约数，对人类文明走向的战略性思考"[①]。

作为一种文明的中国武术，或许正是因其承载中华文化基因，透显对个人修为的把控、社会正义的匡扶、家国情怀的担当等多重功能和属性，对当下西方国家所暴露的社会突出问题的独特价值，才在文化"走出去"国家意志不断强化的当下，作为中华文化"走出去"的代表性项目，被接连写入"国字号"政策文件。如，2017年1月，中共中央办公厅和国务院办公厅印发的《关于实施中华优秀传统文化传承发展工程的意见》指出，"支持中华武术等中华传统文化代表性项目走出去"[②]；2017年7月，中央全面深改组审议通过的《关于加强和改进中外人文交流工作的若干意见》指出，"重点支持武术等代表性项目走出去"[③]。国家层面通过政策法规形式对中华文化"走出去"进程的接连助推，使得新时期作为中华文化"走出去"代表性元素的中国武术的海外传播效益明显提升。

（二）"文化中国"国家形象的有序构建，促使中国武术国际认可度呈现新的特点

"文化中国"（Cultural China）概念，最早是由美籍华人学者杜维

---

① 任仲文：《担负起新闻舆论工作的职责和使命——学习贯彻习近平总书记新闻舆论工作座谈会重要讲话精神 人民日报重要文章选》，人民日报出版社，2016，第113页。
② 《中共中央办公厅、国务院办公厅关于实施中华优秀传统文化传承发展工程的意见》，《人民日报》2017年1月26日，第6版。
③ 新华社：《关于加强和改进中外人文交流工作的若干意见》，《人民日报》2017年12月22日，第1版。

明于 1990 年 10 月 24 日提出的。在该概念中，"杜维明先生提出了三个'象征世界'（symbolic universes），其中第三意义世界是指致力于中国文化的学习和研究、力求从思想上理解中国的人，他们和中国既无血缘联系又未必有婚姻关系，但力求将这份对中国文化的热爱和理解带入各自不同语系的社会中去"①。然而，就"文化中国"的内涵来说，杜维明先生所表征的意义中国主题，虽具有一定的现实意义，但是明显与当前社会主义文化强国建设的内在逻辑和感性形象不吻合。所以说，就目前关于"文化中国"内涵较为权威的表述来看，本文较为认同杨生平教授的观点，即它是"根据文化在当今世界以及未来中国发展中的地位而提出的一个感性符号，是一幅说明现代中国追求文化、创新文化、利用文化创造世界和表现行为的形象图式"②。这种形象图式不仅包括理论、知识和意象等图式三位一体协同发展的中国形象，还体现着未来一个时期我国发展的重要目标，以及加快推进文化强国建设的深层价值追求。

基于此，自党的十七届六中全会提出社会主义文化强国建设目标之后，文化强国建设作为中华文化伟大复兴"中国梦"的重要事项，被新一届中央领导集体纳入国家发展议事日程。至此，"扎实推进社会主义文化强国建设"、"推进文化体制机制创新"、"坚定文化自信，推进社会主义文化繁荣兴盛"等文化发展顶层设计，陆续出现在党的十八大、十八届三中全会，以及党的十九大报告和相关决定之中。也正是当前文化自觉的意识被不断唤醒、文化自省的传统被重新找回、文化自信的力量被不断凝聚、文化自强的根基被不断铸就等文化建设策略的磅礴

---

① 李宇：《数字时代的电视国际传播：路径与策略》，中国广播电视出版社，2015，第 212~213 页。
② 杨生平：《文化中国：文化强国的价值坐标》，《中国特色社会主义研究》2014 年第 1 期，第 62~66 页。

之力，才使得"文化中国"国家形象的恢宏蓝图逐步绘就，才使得"文化中国"这个集整个国家的硬实力和软实力于一体的感性形象效应有序呈现，进而使作为中华文化海外传播代表性元素的中国武术的认可度、接受度和好感度效益凸显。

这一点，在近五年中国外文局对外传播研究中心发布的《中国国家形象全球调查报告（中文版）》中都有清晰的文字记载①。如，2013年，61%的国外民众乐于了解中国文化，1/3的国外民众表示对学习汉语有兴趣，国外民众认为最能代表中国文化的载体依次是中国武术（52%）、饮食（46%）和中医（45%）。2015年，谈及中国文化的代表元素，海外受访者认为中医（50%）、武术（49%）和饮食（39%）最具代表性。2016年，在海外受访者眼中，中餐（52%）、中医药（47%）和武术（44%）是最能代表中国文化的元素。通过以上数据可知，虽然近五年中国武术的海外认可度始终处于中华文化代表性元素前三名位置，但是它的排名在逐步下滑。对此，我们需要从国内外民众现实的武术需求、武术国际传播的方式，以及国内武术发展的真实状况等方面展开深入分析，获取其遭遇此种窘境的真正原因。

三 中国武术当代发展的现实困境解读

基于"发展既是事实，又是价值，是一种包含事实基础的价值判断。它既是整个世界的合规律的运动，又是客观世界趋向于人的愿望的合目的性的运动"②这一客观理论认知，反观当前研究者从文化学、知识动力学、跨文化传播学等视角对中国武术当代发展所做出的学理分

---

① 中国外文局对外传播研究中心：《中国国家形象全球调查报告（中文版）》，2013、2015、2016。
② 魏莉：《跨越式发展的理论与实践》，人民日报出版社，2016，第149页。

析。有学者提出从"体育"走向"文化"理论命题,并倡议构建"多元共生、和而不同、复调对话、互为主体的新的中国武术、世界体育新格局"①,指出应"更多地关注中国武术自身的价值,中国武术发展的主体性'异中求异'发展新路径"②。还有学者从武术发展的本质、动力和方向三个维度,"深入分析知识生产对武术发展的动力促进作用"③,并提出了对武术的未来发展较为有益的建议。然而,我们更应该明白,虽然部分专家和学者所给出的建设性意见,对于新时代中国武术的发展具有不同程度的积极推进作用,但是,就目前中国武术的整体发展来看,它还面临着诸多困境,突出表现在以下两方面。

(一) 民族特性淡化:中国武术当代发展身份迷失的真正原因

根据"民族特性是一个国家或民族长期形成的比较稳定的、持久的综合特点,它具有一个国家或民族独特的心理、性格以及精神的烙印,并对一个民族的行为和创造有着深刻而广泛的影响"④ 这一具体理论的内涵,审视脱胎于中华优秀传统文化母体的中国武术,尽管它始终与中华文化互为表里、结伴前行,并且刻嵌着中华民族独有的优秀特性,但是,就当前中国武术的真实发展状况而言,民族特性淡化是其长期以来"越武越寂寞"的真正原因。而基于中华民族固有的"重人伦""法自然""主中庸""求实际""尚情谊""崇德化"⑤ 等民族特性优点,倘

---

① 王岗、张大志:《从"体育"走向"文化":中国武术当代发展的必然选择》,《成都体育学院学报》2013 年第 6 期,第 1~7 页。
② 王岗、吴松:《中国武术发展的当代抉择:"求同"乎?"求异"乎?》,《南京体育学院学报》2010 年第 2 期,第 35~39 页。
③ 何丽红:《知识生产:当代武术发展的动力学解构》,《北京体育大学学报》2016 年第 4 期,第 45~49 +59 页。
④ 赵超阳、魏俊峰、韩力:《武器装备多维透视》,国防工业出版社,2014,第 133 页。
⑤ 孙本文:《孙本文文集》第 8 卷论文集 (1915~1936),社会科学文献出版社,2012,第 404 页。

若处于新时代的中国武术想在承载中华文化基因的同时，把自身透显的民族特性进行全景式呈现，进而找回中国武术当代发展的主体性价值所在，就必须实现自身身份认同价值的真正回归。

因此，对于当前中国武术发展所面临的"'我是谁'文化身份的迷失、'依靠谁'路径选择的彷徨、'为了谁'发展目标的缺失"[①]等现实难题，我们唯有深入挖掘中国武术内隐的中华民族特性，才能促使其当代发展能够及时驶离身份迷失的"误区"。也因此，对于长期以来，以西方竞技体育标准改造的竞技武术的体育化身份、学校武术教育遭遇西方竞技体育项目挤压产生的边缘化身份、武术影视作品追求好莱坞式的视觉震撼效果引发的武术技击失真窘境，我们也只有从中国武术自身所蕴含的克己修身、自强不息、和谐有度、求真务实、宽容礼让、崇德向善等中华文明的核心思想理念出发，找回其因"体育的武术""竞技的武术""影视的武术"等多重身份所导致的中国武术"仁、义、礼、智、信"等文化内核淡化的真因，才能使以中国武术为载体的中华文化立场得到全方位表达，真正做到由表及里、由技入心。

（二）价值取向同化：中国武术发展陷入认同危机的主要根源

对于中国武术的当代发展来说，也许正是由于战略主体基于的价值取向是"一定主体基于自己的价值观在面对或处理各种矛盾、冲突、关系时所持的基本价值立场和价值态度"[②]这一客观理论内涵认知，以及当代著名教育家叶澜教授对事物价值的性质与大小所做的"事物本身的构成及其属性，它决定了价值的可能性空间；人对这一事物的认识及自

[①] 王岗、王柏利：《中国武术发展：我是谁？依靠谁？为了谁？》，《天津体育学院学报》2014年第4期，第319~325页。

[②] 张庆辉：《生态学视野中的大学战略管理》，中国海洋大学出版社，2016，第48~49页。

己想从中获取什么的需求的认识,它决定了人对某一事物的价值取向,划出了人对某一事物价值的期望空间;该事物之外的条件,它决定了价值实现的现实空间"[①] 这一学理性阐释,才在全球化进程深入推进、市场经济大潮持续澎湃、信息化交流平台逐步席卷世界的当今时代,把以功法、套路、对抗为主要运动形式,且透显中华文化精髓的中国武术,融入"文化强国"建设的具体实践当中,并借助武术赛事、节目展演、影视作品等主要传播形式,将其蕴含的文化、教育、艺术、产业等多元势力,以合乎自身价值需求的表达方式,有条不紊地展开多角度、宽领域的价值回收。

基于此,我们显然不能怀疑以"文化强国"国家意志为引领的中国武术当代发展理路。因为,此种发展思路,从理论上来讲,战略主体按照国家大政方针,对中国武术的多元势力进行深度挖掘与开发,非常合乎当前国家层面给予中华文化"创造性转化、创新性发展"的指导思想,它是无可挑剔的。但是,就目前中国武术的具体实践来看,也许由于战略主体的价值取向不同,长期以来被国人奉为"国术""国粹"的中国武术的当代发展面临着身份认同危机。这一点,仅从当下国内搏击类赛事的风起云涌势头,就可管窥一斑。如昆仑决、武林风、散打天下等搏击类赛事的支配主体,他们在以西方竞技体育标准对中国武术进行商业化包装的过程中,借助灯光舞美、平台运作和全产业链打造,甚至把"KO"作为赢得每场比赛的终极目标,虽然获得了所谓的高额商业回报,但是此种价值取向,显然与中国武术作为一种文明的新理念迥异,也就使得战略主体根本无法再奢望赢得国人的目光与掌声,以及身份认同效益。因此,价值取向同化,不仅是中国武术当代发展陷入身份认同危机的主要根源,还是制约当前中国武术良性发展的理念障碍。

---

① 叶澜:《试论当代中国教育价值取向之偏差》,《教育研究》1989 年第 8 期,第 22~26 页。

四 中国武术当代发展困境的破解理路

诚然,在社会主义"文化强国"建设目标引领下,中华文化伟大复兴的进程不断提速,中华优秀传统文化也因其"已经成为中华民族的基因,植根在中国人内心,潜移默化影响着中国人的思想方式和行为方式"①,被视作中华民族之所以为中华民族"不忘初心、继续前行"的动力源泉。这种动力源泉,不仅是当前中国走回世界舞台中心,以及比历史上任何时期都更接近实现中华民族伟大复兴目标的"睿实力"资本,还是作为中华文化典型精神标识的中国武术以"崇德向善、精忠报国、自强不息、和而不同"等核心内容为根本旨归,有序实现创新发展的智慧"总开关"。因此,我们在理性审视中国武术当代发展所面临的民族特性淡化、价值取向同化等现实困境的基础上,更应该从新时代中国武术发展的多元化诉求出发,探寻为其良性发展所规划的逻辑理路,以期中国武术在文化全球化进程深入推进的当下,能够始终方向明确、奋力前行。基于此,笔者特从以下三个方面,对中国武术当代发展困境展开学理剖析。

(一)以中华文化精髓为支撑,深入挖掘中国武术的文化元素

众所周知,从历史学视角审视中国武术发展的总体路径,不仅是对其存在方式的确认,还有助于对其自身演进规律进行整体把握。因此,对于历史悠久、拳理明晰、风格迥异、源流有序的中国武术而言,它在植根中华民族场域、透显深厚的中华文化底蕴的同时,更以其强大的文化生命力、价值引领力、形象传播力,投射出中国社会发展的积极方

---

① 中共中央文献研究室:《十八大以来重要文献选编》中册,中央文献出版社,2016,第5页。

面。当然，也正是因为中国武术蕴含着中华文化"多源头文化的复合体、新陈代谢机制、包容性和亲和力"[①]等多元生命力特征，才得以在长期发展过程中，逐步形成一个内涵丰富、结构紧密、体系完备、力度强硬的身体文化系统，进而凸显中国武术所具有的广泛深厚的文明亲和力特征。因此，虽说长期以来中国武术的此种文化生命力，不断助推其斩获国家和社会层面多项殊荣，如中国武术彰显家国情怀、提振民族精神、激发尚武精神等，但是近代以来西方竞技体育的强势入侵，使得中国武术在发展理念、传承方式和技术表现等方面都受到不同程度的影响。加之民族传统体育项目自身寻求发展空间和新型户外运动项目的"热度"迅速上升，中国武术的民族特性逐渐淡化，以"国字号"冠名的地位也逐渐弱化，进而引发了学界对其当代发展路向问题的大讨论。

至此，学界虽然出现过"土洋体育之争"，以及"武术属于体育，但又高于体育""体育的武术""运动的武术""大众的武术"等关于中国武术如何发展的新提法、新观点，但是，我们应当清楚，中国武术是在坚守中华文化立场、承载中华文化基因的前提下，借助中华文化的理念、智慧、气度、神韵，以独具中国特色的功法、套路、对抗等实践运动形式，所发展起来的一种身体文化体系。并且，这种身体文化体系，不仅使武术透显着自身独特的理论品格和与众不同的实践价值，而且还旗帜鲜明地为其打上了中华民族的人文精神烙印。因此，对于中国武术的当代发展来说，我们唯有把这种体系当作中国武术健康前行的立足点，并且明晰中国武术悠久的历史积淀和深厚的价值内涵是创新发展的永恒根基，才能自觉地深入中华身体文化理论与实践中，并以此为参照，去总结中国武术发展的经验与教训，进而汲取有益成分服务中国武术的未来发展。

---

① 周北川等主编《中华维度》，生活·读书·新知三联书店、生活书店出版有限公司，2015，第40~49页。

除此之外，我们还应当对照习近平总书记对提高国家文化软实力所做出的"要系统梳理传统文化资源，让收藏在禁宫里的文物、陈列在广阔大地上的遗产、书写在古籍里的文字都活起来"这一重要指示[①]，深入挖掘整理各历史阶段与中国武术有关的器械、拳谱、影像等资源，在充分尊重历史事实、有效运用史料、科学分析的基础上，将从史料中归纳的武术理论与实践进行有效融合，进而对其展开全面系统的整理与研究。如改革开放以来业界人士对以太极拳、少林拳、咏春拳等拳种资源为载体的武侠影视、技法展演、电视节目等进行的关于武术的理论阐发和相应的实践形态研究。当然，也正是这些系统的理论和实践层面的相关研究，使得中国武术当代发展的理论品格和实践规律逐渐清晰，并成为中国武术发展的主流形态。

（二）以社会变迁逻辑为理路，建构彰显自身品格的新型场域

基于"事物的发展是普遍的、是一个过程"[②]这一唯物辩证法理论对事物发展所做的内涵阐释可知，事物的发展应该是在具体且特定的社会历史时空中完成的。并且，依据这一规律，我们也可以得知，以中华优秀传统文化为底蕴的中国武术的创生、衍变，以及各自体系的形成，也都是在中国社会历史现实场域中实现的。因此，根据社会转型是"社会从一种形态向另一种形态的转换，这种转换既可以指同一种社会形态量的变化，又可以是不同社会形态之间质的变化，转变方式既可以是渐进式的，也可以是爆发式的"[③]，以及中国社会转型是"中国的社会生

[①] 中共中央文献研究室：《习近平关于社会主义文化建设论述摘编》，中央文献出版社，2017，第201页。

[②] 刘同舫：《马克思主义哲学原理简明教程》，华南理工大学出版社，2009，第78~79页。

[③] 钟俊生、赵洪伟：《维护社会稳定理论与实践研究》，东北大学出版社，2011，第40~44页。

活和组织模式即社会实践结构不断从传统走向现代、走向更加现代和更新现代的变迁过程"[①] 等客观理论,社会变迁有着独特的过程、逻辑、机制和技术,并且其逻辑也不仅仅是从传统到现代的简单线性逻辑。

从现代学科意义的视角来看,虽说中国武术的创生、发展都是以 20 世纪的中国场域为背景,并在汲取中华优秀传统文化精华、借鉴西方竞技体育理论和实践的基础上有序实现的,但是,就中国体育发展的客观现实来看,中国武术的理论表达和实践范式也都不同程度地受到了西方竞技体育的影响,并且,此种科学理路不仅为中国武术的快速发展植入了新动力、新方案,也凸显了我们急切从西方竞技体育资源中汲取养分、迅速强大自身的多元价值诉求。很显然,以上言及的这种模式,也正是当前中国武术不断前行的路径选择。然而,我们在紧握"存在即是合理"[②] 这一西方竞技体育理论武器对中国武术的具体实践进行指导时,尤其应当注意移植要合理、模仿要适度,并且要树立一个中心思想,那就是要有自己的立场。这既是与中国体育理论和实践进行有效对接的客观要求,又是与当下中国社会发展趋势、学术研究前沿相契合的必然逻辑。因此,也只有牢牢把握中国武术当代发展这一核心议题,它未来的道路才会越来越宽,不至于在全球化大潮中迷失自我。

当然,根据社会变迁理论的学理逻辑可知,武术文化的变迁意味着走出武术的传统时空,而走出传统的中国武术必将走进现代,这不仅是任何历史时期社会转型的必然趋势,也是社会文化发展的规律性要求。也因此,在新时代宏伟蓝图已经绘就、新征程冲锋号角已经吹响、新使命责任重担已经挑起的中国特色社会主义文化强国目标有序实现的过程中,我们也唯有以天空为限、勇于探索,创造与时代合拍的理论表达和实践范式,并以新传统基础透显的新型内涵,作为中国武术不断前进的

[①] 吴忠民:《社会学理论前沿》,中共中央党校出版社,2015,第 108~109 页。
[②] 赵丰:《哲学的慰藉》,北京时代华文书局,2015,第 152 页。

阶梯，才能使中国武术的当代发展有序彰显自身品格。因此，在"文化中国"国家形象已经铸就的当下，中国武术要想获得国际范围内更为广泛的认同，除了要以中华文化基因为坚实支撑之外，还必须与现代社会的规律性要求相适应，在尽最大可能吸收中华优秀传统文化现代性因子的基础上，把其蕴含的天下兴亡、匹夫有责的担当意识，以武载道、以武化人的教化思想，求同存异、和而不同的处世方法等向上向善思想内容，深层次、多角度、宽领域融入现代社会生活当中。也唯有如此，才能逐步构建彰显自身品格的新型场域。

（三）以中华性格本质为要义，精准呈现中国武术核心竞争力

从文化社会学的视角来看，"中华民族之所以在5000多年的历史进程中生生不息、发展壮大，历经挫折而不屈，屡遭坎坷而不馁，靠的就是中华文化中所蕴含的发愤图强、坚韧不拔、自强不息"[1] 等精神理念。并且，这种精神理念，经过长期的社会历史实践检验，不仅已经转化为推动整个中国社会不断前行的智慧源泉，还成为当前各领域不断取得新突破的重要软实力资源。因此，对于植根于中华优秀传统文化沃土、脱胎于中华文化本土场域的中国武术当代发展来说，虽然它有灿若星河的武术名家、不胜枚举的武学典籍、风格迥异的武术器械、源流众多的武术拳种等多元文化形态作为新时期实现自身创新发展的坚实根基，但是我们理性审视其悠久历史进程，尤其是在经济全球化、文化多元化、信息网络化等语境下，即便有时表现出商业化、大众化和娱乐化等倾向，却能够始终彰显出同化他者、中和泰和、美美与共等王道文化的强大生命力。

这一点，也许正是其在中华文化中被作为"一种具有典型民族精神

---

[1] 张伟超：《道路篇——中国特色社会主义研究》，解放军出版社，2013，第267页。

标识的文化品牌"崭新理论命题,受到学界广泛关注的核心价值所在。因此,纵观中国武术从传统走向现代的整个过程,我们可以清晰发现,运用仁义、道德、教化的力量去感化人,这既是长期以来人们借助中国武术的身体文化语言,对中华性格本质的理性表达,更是对中国武术"强而不霸"核心竞争力的精准阐发。所以说,就中国武术的当代发展来说,精准呈现自身核心竞争力应当是也必须是其始终坚持的核心主题。根据核心竞争力的内涵和评价标准可知,要使作为一种资源的中国武术凸显出自身最为独特的核心竞争力,除了必须具备"有价值的能力、稀有的能力、难以模仿的能力和不可代替的能力"[①]之外,还应当把其追求人类心灵意蕴的表达、所呈现的多维价值进行适时转化。因为,这不仅是业界专家和学者"以融会贯通的思维、与时俱进的创新意识"[②]来重塑当代武术发展理念的时代诉求,还是中华文化赋予中国武术适时而变、展现时代特征和气息重任的关键所在。

对于此,正如近代著名武术家王芗斋先生对中国武术发展所做出的"拳道之大,实为民族精神之需要,学术之国本,人生哲学之基础,社会教育之命脉。其使命要在修正人心,抒发感情,改造生理,发挥良能,使学者神明体健;利国利群,固不专重技击一端也。若能完成其使命,则可谓之拳,否则是异端耳"[③]这一价值和使命分析那样,它唯有以中华文化基因为坚强支撑,勇做时代的弄潮儿,融合中国武术对于鲜活的生命个体的价值、承载的社会国家的效益,以及凸显的独特地域文化特征、蕴含的匡扶正义的民族情怀,以时代所需、人民所需为前提,选取适于激发人性心灵深处精神特质的多元表现形态,全景式呈现其

[①] 吕洪雁、杨金凤:《企业战略与风险管理》,清华大学出版社,2016,第51~52页。

[②] 彭庆阳:《书法应该追求怎样的"时代性"》,《中国文化报》2017年9月3日,第5版。

[③] 王芗斋:《意无止境》,海南出版社,2014,第41页。

"于人民、于社会、于时代、于国、于家"五位一体的核心竞争力，才能有序彰显其"以时为大"的历史使命和责任担当。况且，这不仅是对中国武术历史使命感的真实写照，还是中国武术诠释中华性格本质要义的应有逻辑支点，更是对中华文化赋予中国武术强大生命力精神特质的实然表达。

五　结语

当下的中国，中华优秀传统文化正因其独一无二的理念、智慧、气度、神韵，对世界范围内思想、观念、文化、道德等领域出现的社会问题，展现出独特的贡献，被国家层面提升至前所未有的战略发展高度。也正是中华文化发展上升为国家战略这一历史机遇，使得作为中华优秀传统文化重要组成部分的中国武术的当代发展呈现出多元新特征。然而，理性审视此种机遇背景下的中国武术发展，民族特性淡化、价值取向同化是其面临的主要难题。因此，在新时代中国特色社会主义文化强国战略目标引领下，唯有将以中华文化精髓为支撑，深入挖掘中国武术的文化元素；以社会变迁逻辑为理路，建构彰显自身品格的新型场域；以中华性格本质为要义，精准呈现中国武术核心竞争力等破解理路作为重要遵循，才能促使中国武术有序驶离困境，重新铸就辉煌。

> 信仰与仪式研究

游者思乡

——玉溪纳西族同胞"三多颂"仪式恢复的人类学解读

朱永强

摘 要：三多节是纳西族传统节日，旧时每到此日，民间便会举行盛大的民俗庆典。近年来随着国家文化政策的开放，很多民俗活动悄然复兴。2011年，在丽江三多阁开展了三多节仪式恢复活动，不仅如此，成都、玉溪、北京等地纳西族同胞也组织恢复了此项民俗仪式。这些活动成为纳西族及其传统文化自觉实践的重要组成。

关键词：三多节；三多颂；纳西族；玉溪市

民族节日作为传统文化的有机组成部分，是各族同胞交流民族情感、分享民族友谊、强化民族认同的重要平台。三多节是纳西族传统民族节日，每逢三多节，无论是身处丽江的纳西族同胞还是远离故乡的纳西游子都会集会庆祝，共叙乡愁。

一 祭三多神仪式的由来和变迁

每年农历二月初八为纳西族的三多节，又称"北岳神会"[①]，为纳

[①] 和少英：《纳西族文化史》，云南大学出版社，2011，第124页。

西族唯一独享的法定节假日①。节日时,纳西人赶赴位于玉龙雪山脚下的玉峰寺赏"万朵山茶②"的传统习俗延续至今。旧时,除"二月八,茶花国"("国"为纳西语音译,意为"赏")之外,三多节另一项重要的活动便是祭祀纳西族传统保护神的"三多颂"(纳西语中"颂"为祭祀之意)仪式活动。农历二月纳西语称"恒久"③,二月初八,除三多阁(白沙三多庙)附近的村民会到庙中祭拜三多神外,不同区域的纳西人也会到就近的三多庙祭拜。不仅如此,据老人回忆,旧时每到此月,各纳西村寨需要在各自轮值的恒尼瓦(祭神日)组织村民到村落公用的恒吉(神庙)里举行祭神活动,三多神便是祭祀的神祇之一。

三多神被公认为纳西族的保护神,民间也称"阿普三多"。"阿普"纳西语意为"爷爷",此处也可延伸为祖先之意。历史上,除白沙外,"鲁甸、新主、宝山、大具、大东、高寨花依、塔城等地都建有三多庙",大理鹤庆、迪庆德钦和西藏拉萨④也曾有过供奉三多神的庙宇。但至今全国仅有两处三多神庙宇及神像存世,一为玉龙山脚白沙镇境内的三多阁,二为丽江黑龙潭公园五凤楼前的神像。三多阁古称北岳庙,始建于唐代大历十四年(779年),是丽江建造最早的庙宇⑤。1253年,忽必烈南征大理过境丽江时,将当时庙内供奉的白石化身三多神封为"大圣雪石北岳定国安邦景帝"⑥。北岳庙于明嘉靖十四年(1535年)

---

① 1986年8月29日丽江纳西族自治县第八届人大审议通过将三多节定为纳西族法定节假日。2005年3月21日,玉龙纳西族自治县十三届人大审议通过决定将三多节原定放假时间由一天延长至三天。
② 玉峰寺位于玉龙山南麓,寺内有一株树龄约500年的山茶树,每年累计开花2万余朵,花朵以9芯18瓣著称。
③ "恒"为神之意,由于此月中祭仪众多,又被称为"祭神之月"。
④ 嘟玛切里佩措、杨志坚编《纳西三多神》,云南美术出版社,2012,第72~75页。
⑤ 杨林军:《丽江历代碑刻辑录与研究》,云南民族出版社,2011,第19页。
⑥ 杨福泉:《东巴教通论》,中华书局,2012,第138页。

重修，被民众认为是"求而无所不灵，祈而无所不验"[①]之福地，现为云南省级文物保护单位。关于三多神的源流，学者周源认为，北岳庙原为山神庙，供奉神石，后由木氏先祖（木氏统治丽江时间约为1253~1723年）麦琮将其人格化、具象化，并以地名"三赕"为其命名[②]。另外，也有学者认为纳西人的三多神崇拜，是由白石神灵崇拜（多神崇拜）到单一神阿普三多神崇拜过渡来的[③]，这样的观点具有一定的代表性。在广大纳西族信众的心目中，三多神是集祖先神、战神和保护神于一体的综合信仰崇拜对象，这一点毋庸置疑。北岳庙在丽江旅游发展的黄金时期（1998~2008年）一度成为旅游公司旗下的热门景点，后来成为本土文产企业丽江玉水寨生态旅游有限公司培养企业东巴传承人的教学点（2009~2012年），现已被政府文物部门收回管理。目前的北岳庙内，除了供奉三多神外，神像两旁还塑有三多神的两位夫人，此外，还有守卫、侍从的塑像共计18尊[④]。丽江黑龙潭内的三多神塑像则为一个骑白马的戎装战将形象，该神像塑立时间为1979年前后[⑤]。

可以看出，纳西人在唐朝就修建了专门祭祀三多神的北岳庙，三多神以纳西族保护神的身份刻在纳西人的民族记忆中。而以缅怀、纪念三多神为主要内容的三多节更是在漫长的岁月中演变成纳西族的民族节日，对纳西族的社会发展和文化养成产生了深远的影响。节日当天，纳西族东巴祭司会在北岳庙中举行祭祀三多神仪式，无论是土司

---

① 〔美〕约瑟夫·洛克：《中国西南古纳西王国》，刘宗岳译，云南美术出版社，1999，第121~125页。
② 周源：《"三多"考》，载《丽江第二届国际东巴艺术节学术研讨会论文集》，云南民族出版社，2005，第357~363页。
③ 木丽春：《东巴文化揭秘》，云南人民出版社，1995，第268页。
④ 白庚胜：《白庚胜纳西学论集》，民族出版社，2008，第388页。
⑤ 芝山福国寺的主要建筑五凤楼于1979年迁至丽江黑龙潭，此前文献中并无芝山或黑龙潭内有三多神像的记载，故此三多神像应是五凤楼迁至黑龙潭时所塑。

贵族还是布衣百姓，都会自发到北岳庙三多神像前跪拜感恩、还愿祈福。这一习俗一直被纳西族民众恪守，直至 20 世纪中期。新中国成立后祭祀三多神仪式和其他很多民俗传统一道逐步式微并淡出人们的视野。20 世纪末，随着国家文化政策的调整和丽江旅游业的推动，一些传统民俗事项逐步开始恢复，研究机构、文化传承学校和旅游景区开始以各自不同的立场尝试恢复这些民俗仪式①。

2011 年 3 月 12 日，丽江白沙镇三多阁内烟雾缭绕，玉龙村民祭祀三多神活动如期举行，"三多颂"的东巴经文在时隔半个多世纪之后再次响彻三多阁。此次仪式由丽江东巴文化博物馆木琛与和丽宝两位东巴祭司主持，玉龙村村民和慕名而来的丽江市民以及政府和文化部门相关负责人在三多神像前感恩祈福。这是自 20 世纪中断以来首次在三多阁开展祭祀三多神的仪式，在场的多位村民老者都为这迟到的回归喜极而泣。祭祀仪式之后，附近村民还自发在三多阁外的空地举行了纳西族传统歌舞表演。此后几年每逢三多节，三多阁都会举行祭祀三多神仪式活动。而近年来在北京、成都等城市，每逢三多节，便会有纳西族同胞自发组织三多节相关仪式纪念活动。作为除丽江以外纳西族人口分布较多的城市，昆明纳西乡友从 20 世纪 80 年代初起便每年组织三多节相关纪念活动。

二　玉溪纳西族同胞的人员结构和社会文化参与情况

玉溪地处滇中腹地，距昆明市约 100 公里，离丽江市约 500 公里。2010 年的一份统计资料显示，玉溪市常住纳西族人口约为 341 人②，其

---

① 丽江东巴文化研究院、鲁甸新主东巴学校和玉水寨景区等部门以科研、教学展示或旅游展演为目的恢复了部分纳西东巴民俗仪式。
② 木崇根等编《玉龙往事——纪念玉龙纳西族自治县成立五十周年》，丽文广新〔2011〕内资字第 24 号，2011，第 1 页。

中红塔区、新平县与元江县是玉溪境内纳西族人口分布较多的区域。从职业分布来看,教师、公务员、国企从业人员和退休职工所占比例较大。此外,玉溪师范学院、玉溪农业职业技术学院和云南民族大学应用技术学院等玉溪高校中,每年约有100名纳西族在校生。值得一提的是,玉溪师范学院纳西族学生于2008年创建了大学生社团纳西文化传习会,该社团利用高校平台开展纳西族文化学习和宣传活动,在区域内产生了广泛的影响①。以多样化的职业分布和老中青三代结合的年龄结构特点为基础,应玉溪纳西乡友不断增加的文化需求,纳西族同胞于2011年初成立了玉溪丽江纳西文化研究会筹委会,筹委会在与丽江本地及全国各地纳西文化研究会建立广泛联系的同时,不定期组织文化讲座、茶话会、歌舞演出。同年4月,由在玉退休丽江籍职工发起的文化团体玉溪丽江纳西歌舞队应邀赴丽江参与丽江玉龙纳西族自治县成立50周年庆典活动,歌舞队的演出受到了丽江方面的高度评价。不难看出,在玉纳西族同胞均保持着较强的传统文化认同,存在弘扬优秀传统文化、参与社会主义文化建设的强烈动机。

三 仪式恢复现状

(一)缘起

虽远离故乡,但在玉溪,纳西族同胞组织参与三多节相关庆祝活动的传统早已有之。较早一批到玉溪工作的纳西族同胞自20世纪80年代末期开始,便在每年农历二月初八前后三五家庭相约,或是外出踏青组织诗歌会,或是组织歌舞晚会以抒乡情。90年代开始,乡友中也有赴昆明

---

① 2009年8月,纳西文化传习会赴南京参加"第二届大学生艺术展演"活动,获声乐类二等奖,到目前为止,传习会已成功举行了四次纳西文化传承汇报展演活动。

参与昆明纳西同胞三多节庆祝活动者，大家皆以此为荣、以此为乐。

2012年3月，笔者在玉溪之际，恰逢在玉纳西乡友着手三多节仪式恢复筹备工作，筹备组在得知笔者参与过祭祀三多神仪式且有祭天仪式的主持经验后，邀请笔者协助恢复工作。沟通之后，笔者得知筹备组已规划了祭献牺牲、上香、跪拜等仪式环节。其中祭献牺牲环节被列为重点，筹备者对牺牲的种类、数量、供奉顺序甚至每类牺牲的供奉人员都做了详细的安排。在进一步的了解中，笔者得知负责统筹仪式恢复的是一位年过七旬的纳西族老奶奶和振荣。作为此次三多节祭祀仪式恢复活动的发起者，和振荣奶奶向笔者讲述了一个让人感慨万千的故事。

1997年，和振荣奶奶随一众在玉纳西族同胞到云南民族村参与昆明乡友组织的三多节纪念活动。那是她第三次赴昆参与三多节活动，她不仅穿上了民族服饰，还佩戴了压箱底的传统首饰。也许是穿了纳西服饰的缘故，民族舞蹈打跳过程中突然有一位老者跑过来拉住了和奶奶的手，惊诧之余她严正告诫老者自重。一方交谈之后，才得知老者原来是一位民族村聘请的纳西文化专家。在向她详细介绍了旧时祭祀三多神仪式所需牺牲、仪式规程等内容之后，老者还询问和奶奶否有意组织恢复此仪式（受特殊时期文化政策余波影响，当时部分民众对民俗仪式仍持怀疑、恐惧和对立的态度）。作为一位受过一定教育、离开故乡数十载、阅历丰富的开明纳西族女性，和奶奶向老者坚定地表达了恢复祭祀三多神仪式的决心。双方约定来年的三多节将在昆明合力恢复祭祀仪式，之后还留影纪念。

在约定之年三多节前三四天，和奶奶便从玉溪赶到云南民族村向老东巴汇报仪式恢复准备情况，但让人惋惜的是，等待和奶奶的却是老者三个月前就已经辞世的噩耗［后通过合影辨识出老者为纳西族著名学者周善甫（1914～1998年）］。"那天我在民族村门口痛哭了一场，觉得是那个老头骗了我！"和奶奶说。悲伤遗憾之余，和奶奶暗自发誓在自己有生之年一定要恢复祭祀三多神仪式。

在和奶奶的内心深处，恢复祭祀三多神仪式已经从一个誓言转变成一种埋藏了近三十年的文化理想和文化信念，它随着岁月的流逝愈加执着，而这也在一定程度上成为众乡友共同的文化夙愿。

（二）恢复过程

1. 与东巴祭司商榷

在东巴教祭祀仪式中，仪式规程通常需要由祭司诵读东巴经典来引导开展。鉴于玉溪纳西族同胞中无人会诵读祭祀三多神所用东巴经典，笔者联系鲁甸新主村和盛典东巴咨询应对的方案。和东巴在了解相关情况后，向笔者详细讲述了仪式规程，建议边播放祭祀经文录音边开展仪式。除开展祭献牺牲和跪拜等必要环节外，他还强调增加仪式前除秽和仪式末尾占卜环节。与此同时，笔者还在电话中录存了和东巴口诵的《三多颂》经文，以备祭祀使用。

2. 仪式过程

2012年3月3日，丽江籍在玉同胞120人在玉溪市郊高仓农家乐举行了2012年玉溪丽江乡友祭祀三多神仪式，仪式开始时间为上午10点。仪式道场选择在农家乐水池边的一块空地，一幅高2米、宽1米的三多神像被悬挂在道场的北侧①，神像前设有一排供桌。在和盛典东巴低沉而富有节奏的《三多颂》经录音声中，酒水、茶水、猪头、鸡、鱼、五谷、水果等牺牲供品按照事先安排好的顺序依次入场，一众乡友此时也按由长及幼的顺序依次入场站在神像之前。待牺牲和人员到位之后，便开始了除秽仪式。笔者左手拿着一个内装若干烧红小石子其上覆着白蒿叶的铁瓢，右手拿杜鹃叶蘸水洒向石块，石块发出滋滋的声响并

---

① 神像也按三多阁中三多神坐北朝南的坐姿而挂。

冒出水汽，预示着将道场内的不洁之物驱除出去。除秽之后，是向三多神祭献供品牺牲环节，五谷和熟食依次被供放在神像前祭献。按照和东巴的吩咐，笔者还用一只雄鸡点血向三多神祭献。仪式活动开展过程中，乡友们人手三炷香，恭敬地走到三多神像前行跪拜礼，感恩祈福。待所有乡友进香跪拜完毕，便是最后的占卜环节，两颗各有一半被涂成黑色的白豆在卜碗中被掷了三次。至此，仪式环节圆满结束，整个过程持续约45分钟。仪式之后，还举行了歌舞联欢和聚餐活动。

此后每年的三多节前后，玉溪的江纳西文化研究会筹委会都会组织乡友开展祭祀三多神仪式和相关文化活动。为了方便仪式主持工作，2013年笔者还向和盛典东巴学习并手抄了《三多颂》经文，经文也由首次的录音播放改为后来的口诵。有了东巴经书的引导，仪式的开展也越发顺畅。此后的活动日，人数规模皆与首次相近，约为100人，其中老年人参与比例逐渐提高。值得一提的是，在2018年三多节活动当日，还增加了东巴象形文字猜字、射箭、打弹弓、跳绳等民众参与性较强的文体项目，深受欢迎。至今，在很多在玉纳西族同胞心中，已经形成一种一到三多节就期待参与祭祀三多神仪式的文化心理。

余论

值得一提的是，近年来，传统仪式恢复已成为各个纳西族聚居区纳西族同胞常见的文化活动之一，祭天仪式、祭署（自然神）仪式、请家神仪式、索多（求吉）仪式等祈福仪式尤受传统文化爱好者的推崇。而除了传统纳西族同胞聚居的母土村落以外，有较多"纳一代""纳二代"[①] 工作的城市和区域也在传统文化精英的发动下开展了一系列民俗

---

① "纳一代、纳二代"指称第一代、第二代在异地工作的纳西族群体。

仪式恢复尝试，如成都纳西文化研究会和北京纳西文化研究会等社会文化团体也在近年（2015年）邀请东巴祭司在成都和北京开展了三多神祭祀仪式，逐年持续性的活动也受到了所在城市纳西族同胞的欢迎与支持。有意思的是，在异地工作或者有长期异地求学经历的年轻纳西族同胞中，东巴婚礼似乎也正在成为一种新的时尚。不难看出，在国家提倡保护和传承优秀传统文化的背景下，诸如三多节、三多颂等内涵丰富、积极向上的诸多符合时代主旋律的优秀文化传统不断得到外界的认可和喜爱。就三多颂仪式而言，其所歌颂的三多神承载的是一种骁勇善战、保疆卫民的气节，一种居安思危、缅怀先辈的情怀，一种乐善好施、和睦四邻的德行，一种洁身自好、兢兢业业的操守。仪式通过对纳西族及其周边兄弟民族在长期的社会实践中共同创造的英雄祖先之追忆，寄托对后世子孙磨砺前行的鞭策，流露出区域内各民族热爱和平、维护盛世的坚定信念。在传统文化形式逐渐流于表面、传统文化内涵式微、群体性文化信仰缺失的当下，这样的文化活动的意义无疑重若丘山。

笔者以为，一方面，传统文化的耕耘和守护离不开生活于文化母土的传统文化中的大多数人，作为文化的骨血，其文化态度和文化实践决定着传统文化的气数；另一方面，离开母土传统文化的少数人或"他者"，作为文化的毛羽，其独特的"他观"文化视角和"别离回溯"文化情感，亦会对传统文化创新发展带来启发。

正如王铭铭所言，"20世纪全球化带来的文化变迁，世界格局变化带来的欧美文化霸权的东移，社会变迁所引起的族群关系与文化冲突、民族+国家与现代性不断强化对社区生活的冲击"[①]，经历着这场冲击的各少数民族及其传统文化正面临种种困境。由于自身文化的独特性及旅游开发的影响，纳西文化较早受到全球化和现代性的影响。我们看

---

① 王铭铭：《西方人类学思潮十讲》，广西师范大学出版社，2007，第4页。

到，过去的 30 多年，纳西文化在其文化主体性的主导下，通过文化转型和文化创新在区域经济发展过程中产生了先锋作用，也在区域少数民族群体中发挥了一定的政治和文化影响。此外，离开母土的纳西族同胞仍保持着较高的文化认同，远离母土但仍创造条件自主实践着传统文化当前存续的新路径。纳西族及其传统文化近半个世纪以来的实践之路，印证了费孝通先生的文化自觉理念，即："文化自觉只是指生活在一定文化中的人对其文化有'自知之明'……自知之明是为了加强对文化转型的自主能力，取得决定适应新环境、新时代时文化选择的自主地位。"[1] 在参与多地三多颂仪式恢复的过程中，笔者不仅深切地体会到各地纳西族同胞对于再现本民族文化传统的渴望及其对再现时表达的敬畏，也充分感受到优秀文化遗产在活态实践中对参与者潜移默化的教化魅力。作为文化转型期传统文化自觉实践的个案，目前广受赞誉的各地三多颂仪式恢复活动能否在未来持续开展，也值得我们期待。

---

[1] 费孝通：《反思·对话·文化自觉》，《北京大学学报》（哲学社会科学版）1997 年第 3 期，第 22 页。

人类学视野下的清真寺聚礼仪式研究

——基于昆明顺城清真寺的田野调查

马海云*

摘 要：每周五在清真寺内举行的聚礼是伊斯兰宗教生活中日常且重要的一项宗教仪式，它对于穆斯林个体和社群都具有多元化的意义。聚礼仪式不仅是穆斯林感受和表达内心体验的有效途径，更为重要的是，透过聚礼仪式，可以实现穆斯林社群的聚合，在社会中凝聚一种持久的团结。

关键词：清真寺；聚礼；仪式；穆斯林

人类学将宗教的内涵划分为信仰与仪式[①]两类，信仰是宗教的核心，解决的是"信什么"的问题，仪式是宗教的外在表现，解决的是"怎么信"的问题。作为面向行动的宗教要素，仪式是宗教信仰最重要的表达与最直观的实践。聚礼是伊斯兰宗教生活中日常且重要的一项宗教仪式，聚礼仪式怎样进行，它被赋予了怎样的意义？本文通过对昆明顺城清真寺内一次聚礼仪式的参与观察与民族志记录，寻找到这些问题的答案。

---

* 马海云，法学博士，云南民族大学民族研究所博士后，云南民族大学法学院讲师，硕士生导师。

① 仪式可以从狭义和广义层面进行区分，狭义的仪式仅宗教层面的祭祀、礼拜、祈祷等活动，广义的仪式范围更宽泛，包括一些人际交往的规范、行为，也包括一些日常的礼仪。本文中的仪式，仅指狭义层面的仪式，即宗教仪式。

一　人类学语境下的宗教仪式

一直以来人类学都非常注重对于仪式的研究，从滥觞于19世纪中后期到20世纪初的神话-仪式研究①，到现代的"社会戏剧"，无不包含人类学家对仪式深深的关切。在漫长的研究进程中，学者对于仪式的研究目光不断发生转向，由仪式的结构转向仪式的功能，再转至仪式与群体和社会的关系。特别是在社会变迁的背景下，仪式在复杂社会中的存在形式、与社会各要素的相互关系以及对社会的作用和功能逐渐成为人类学仪式研究的重点。

宗教仪式作为信仰的固定表达，带有一定的规则、程序和要求，是"严肃生活的一部分"②。宗教仪式总是需要以人的行动作为表达的载体，因此在很多情况下，我们也把仪式称为"行动着的宗教"。人类学家在进行仪式研究的过程中，从不同的视角切入，试图阐述仪式在社会中产生的作用和功能。例如，涂尔干认为仪式是宗教信仰的物质形式和行为模式，是一种集体意识，也是社会得以维系、延续和团结的纽带，最终的目的是实现社会整合。范热内普则认为在不同类型的仪式中都存在一种过渡礼仪的模式，这种过渡礼仪是人从一种状态进入另一种状态的必经过程，这种过程具有文化意义，它将一个社会的价值观念传递给社会成员，让人们的生活具有方向和秩序。格拉克曼则认为仪式的社会功能有积极的一面也有消极的一面，仪式不仅能够创造一种社会统一和社会整合，也能够放大社会冲突，造成社会的分裂和瓦解。特纳认为，仪式是一个社会中特定的"公共空间"，也是社会中的一种状态，它像

---

① 彭兆荣：《人类学仪式理论的知识谱系》，《民俗研究》2003年第2期，第5页。
② 〔法〕爱弥尔·涂尔干：《宗教生活的基本形式》，渠东、汲喆译，商务印书馆，2013，第525页。

"戏剧"一样,消除了来自社会结构中的压力与紧张感,并对稳定社群有一定的积极作用。不论是从哪一个角度来分析仪式,学者们都将仪式作为一个客观的社会事实来看待,并将仪式放入整个社会结构中去考量其作用和功能。正如涂尔干在他的研究中向我们力证的那样,仪式对社会而言确实具有非常的重要性,不仅因为"真正的宗教信仰总是某个特定集体的共同信仰,这个集体不仅宣称效忠于这些信仰,而且还要奉行与这些信仰有关的各种仪式"[1],还因为仪式总是不断地在社会中重复出现,"每隔一段时间,信徒们就会感觉到有必要加强和重新确认自己与自己所依赖的圣物之间的联系"[2],而仪式则为他们提供了一个很好的途径。

二 聚礼

聚礼,阿拉伯语为 Salat al-Jumah,也被称为"主麻",是一种教法规定的集体礼拜仪式。伊斯兰历将每周五定为聚礼日(主麻日),在这天正午过后(相当于晌礼的时间),成年的男性穆斯林原则上都应该到清真寺参加集体礼拜。《古兰经》中说:"当聚礼日召人礼拜的时候,你们应当赶快去纪念安拉,放下买卖,那对于你们是更好的,如果你们知道。"(62:9)聚礼是一种法定的集体礼拜,也是"伊斯兰宗教生活最重要的特征之一"[3]。每日五时拜功穆斯林可以选择集体礼拜,也可以选择独自礼拜,但是聚礼除了集体礼拜外穆斯林没有其他选择。这是

---

[1] 〔法〕爱弥尔·涂尔干:《宗教生活的基本形式》,渠东、汲喆译,商务印书馆,2013,第54页。
[2] 〔法〕爱弥尔·涂尔干:《宗教生活的基本形式》,渠东、汲喆译,商务印书馆,2013,第54页。
[3] Ali Wardak, *The Mosque and Social Control in Edinburgh's Muslim Community*, Culture and Religion, 2 (3).

伊斯兰教法规定的义务,是穆斯林在主麻日到清真寺的主要原因,也是维系穆斯林个体与社群之间关联性的重要途径。

对穆斯林而言,主麻日是一周中最重要的一天,聚礼又是一天中最重要和最严肃的宗教仪式,穆斯林都异常重视。在主麻日聚礼之前,穆斯林通常都会先做大净,再做小净,洁身沐浴之后盛服佩香,提前到清真寺,入寺登殿后端跪赞主,聆听宣讲,等候聚礼。"聚礼之重大,确非寻常拜之可媲美,非其人不领,非其数不成,非其国不全,非其日不聚,非其时不礼。"①

按照教法规定,对于以下五类人群,主麻日的聚礼是一种当然的义务:①居家的(住家的);②身体健康的;③理智健全的;④有人身自由的,行动方便的;⑤成年男子。对于女性、旅行者、患病者、神志不清者、行动不便者等人群,聚礼不是当然的义务。伊斯兰教对于主麻日聚礼的具体时间并没有做明确的限定,一般都是在许可的时间段内由各个清真寺自行确定具体时间。清真寺在确定具体时间时,则以最大限度地满足穆斯林参加聚礼为首要条件,一般情况下各清真寺确定时间后都不会轻易更改。

三 清真寺内聚礼的民族志与访谈

2016年6月3日周五12点30分,清真寺的哈里发将绿色的礼拜毯依次在朝真殿前院内横向铺开,每两条礼拜毯间隔50厘米,将前院全部铺满,一共铺设了18条。此时陆续有人来到清真寺,以年长者居多。先到的人脱鞋后进入朝真殿中等候礼拜。

13点,伊玛目身穿白色长袍,头戴白色缠头进入殿中,主持开经。

---

① 穆斯林·本·哈查吉:《斯林圣训实录全集》,穆萨·余崇仁译,努尔曼·马贤校,宗教文化出版社,2009,第194页。

约有 30 人围坐在大殿中央，手捧《古兰经》进行诵念。

13 点 15 分，教长开始进行卧尔兹宣讲，宣讲的主要内容是"天课、开斋捐和斋戒罚赎的区别"。

教长的宣讲大约持续了 15 分钟，在他宣讲的过程中，来到清真寺的人越来越多，有年长者也有中年人和青年人，朝真殿已容纳不下，于是人们开始跪坐在朝真殿外的走廊上，不一会儿走廊也全部跪满，后来的人依次脱鞋跪坐于前院内的礼拜毯上聆听宣讲，等候礼拜。

13 点 30 分，清真寺内响起穆安津的宣礼声。穆安津用阿拉伯语诵念唤拜词。穆安津的声音高亢洪亮，速度缓慢，抑扬顿挫，尾音拖长，曲调优美。在听到穆安津的宣礼时，跪坐着的礼拜者迅速起立，依次站成横排，双手交叉握住自然垂下，认真聆听唤拜词，大家的表情庄严肃穆。宣礼中还有一些人陆续到达清真寺，他们在礼拜人群中靠后的几排找到合适的位置后就站好，聆听唤拜词，动作很轻。宣礼结束后，大家就地在自己所站的位置上开始礼拜，礼二拜泰罕叶提拜（庆贺拜）和四拜圣行拜，由礼拜者自行礼拜，不由伊玛目带领。由于是自行礼拜，大家的速度快慢不一，礼拜完的人或跪坐或盘腿坐在原地，不随意走动。大约过了 5 分钟，大部分人都已礼完。此时，大殿内海推布从伊玛目后第一排人群中走出，到敏拜尔（宣谕台）旁边拿起一根木杖，手持木杖站上敏拜尔，面向大家开始发表呼图白。海推布用阿拉伯语先发表了一个呼图白，念毕他面对大家坐下，停顿了半分钟左右，再次起立，继续发表另一个呼图白。在海推布发表呼图白的过程中，大家都静静聆听，或跪坐，或盘腿而坐，或低头，或抬头注视海推布，但没有人走动，也少有人讲话。待呼图白发表完毕，海推布走下敏拜尔，将木杖放回原位，并回到自己原先站的位置。

13 点 45 分左右，穆安津再次宣礼（内宣礼）。此时的宣礼与之前的宣礼在内容上略有不同，在语调和速度上也不相同。穆安津的声音依旧高亢洪亮，但是没有了之前的曲调，去掉了加长的尾音，语速也较快。在听到宣礼的时候，大家迅速起立向伊玛目处靠拢，大家一个挨着一个站立，整齐地站成横排，人与人之间左右没有大的空隙，前后留出约60厘米的距离。

宣礼结束后大家在伊玛目的带领下，礼主麻拜二拜。伊玛目面对米哈拉布，单独站在人群的最前方。伊玛目抬双手至耳际高声诵念赞词，之后放下双手，右手握住左手手腕，抱手于肚脐附近。众人跟随他的动作。接着伊玛目高声且缓慢地诵念《古兰经》开端章和其他章节，众人站立低头聆听，念毕，伊玛目鞠躬、直立、下跪叩头、起身站立，众人跟随，口中低声诵念礼拜念词，此为一拜。

站立后伊玛目再次高声诵念开端章和其他章节，众人依旧站立聆听，念毕跟随伊玛目鞠躬、直立、下跪叩头，后跪坐各自低声诵念礼拜念词，念毕伊玛目的头先转向右边看右肩，后转向左边看左肩，众人跟随。之后伊玛目双手抬至胸前，作捧物状，做都阿。众人跟着捧手做都阿，伊玛目口中念都阿词，念毕，众人双手抹脸，念"按色俩目尔来衣库母"（求主赐福于你），伊玛目回念"外来依库色俩目，外来哈买屯另拉息，外白来凯图"（祈求安拉赐予你平安与慈惠），二拜结束。

主麻二拜结束后，有部分人穿鞋先行离开，他们动作很轻，尽量不打扰其他人，剩下的人继续礼晌礼十拜，但不由伊玛目带领，而是自行礼拜。

大约至14点5分，聚礼接近尾声，礼拜者陆续结束礼拜准备穿鞋离开。这个时候，结束礼拜的人三五成群，有的在握手问好，有的在寒暄聊天，大家仿佛都不愿意太快离开清真寺。在清真寺的大门口，有教亲准备了油香、馒头、矿泉水等食品免费发放给礼拜者，大部分礼拜者在离开清真寺时会按自己的需求领取相应的食物，并向发放者道色瓦布。

人类学视野下的清真寺聚礼仪式研究

14点30分,人们慢慢散去,清真寺内又恢复了往常的宁静。哈里发们将前院内的礼拜毯一一卷起收走。

聚礼全部结束。

当天参加聚礼的人基本将整个前院都站满,来参加礼拜的人中,有头发花白需要搀扶的老人,有行色匆匆的中年人,有散发阳光和朝气的年轻人。当天的天气非常好,聚礼时太阳很大,在前院内礼拜的人在烈日下完成了约30分钟的聚礼仪式,大家认真地参与每一个环节,近乎标准地完成每一次抬手、站立、鞠躬、直立、叩拜和跪坐,他们很虔诚,丝毫没有因为太阳的炙烤而有半点马虎。在一次访谈中,在谈及聚礼时顺城清真寺的教长这样说:"我们这个清真寺是昆明市区内几所清真寺中参加主麻聚礼人数最多的,每一次都在1000人左右,都能把院子站满,即使天气不好,下雨的时候,人也是非常多的。一是因为顺城清真寺面积大,布局比较宽敞;二是因为氛围比较好。来聚礼的人也是各个年龄层次、各行各业、各个地方的都有,还有很多是外国的穆斯林。有些行动不是很方便的老人也会坚持到清真寺参加聚礼,我们专门为这些老人准备了方便礼拜的椅子,就放在大殿内的两边,让这些老人可以坐着参加完聚礼,那样也不会太累。为了照顾大部分人,我们把礼拜的时间定在下午1点半,基本上2点就能结束,尽量不耽误大家。"

值得一提的是,从规定来看,女性并没有参加主麻聚礼的当然义务,但在顺城清真寺参加聚礼的人群中,每次都有一定数量的女性穆斯林。谈到这个问题时,教长是这样说的:"过去到清真寺参加聚礼的女性不多。一方面是受到旧有观念的影响,另一方面也是受到场地的限制。后来,我们反复告诉广大教亲,虽然女性没有参加聚礼的义务,但是主动到清真寺参加聚礼是可嘉的行为,加之清真寺改扩建以后专门设了女子礼拜堂,慢慢地来聚礼的女性就多起来了。现在,每次主麻来参加聚礼的女性约有 200 人，基本上能将整个女子礼拜堂站满。

每周五的聚礼吸引了不同性别、不同阶层、不同年龄、不同地域甚至不同国籍的穆斯林参与其中，不论他们有着怎样的差别，在完成聚礼仪式方面却始终保持着高度的一致性。最让人为之动容的是那些步履蹒跚的长者，他们没有中年人那样强健的身躯，也没有年轻人那样矫健的步伐，却有着一颗虔诚的心，每每聚礼，早早来到清真寺的必是那些长者。纵然行动缓慢，也要坚持一丝不苟地完成聚礼的拜功，哪怕结束后已是满头大汗；即便行动不便，无法顺利完成站立、鞠躬、叩头等礼拜的动作，也要坐在凳子上通过示形礼拜①与众人一起完成聚礼。那么，对于穆斯林而言，主麻聚礼除了具有宗教义务的意义之外，是否还有其他更加深刻的意义？它又给穆斯林群体和穆斯林社会带来了什么？在访谈中，这些问题的答案逐渐清晰。

访谈人：马某，男，57 岁，工人。参加聚礼不仅是完成宗教义务，也是一种信仰的体现和强化。拿我自己来说，每次聚礼我的内心都觉得很震撼，来自四面八方的人因为同一个信仰聚在一起，跟随伊玛目礼拜，动作统一，伊玛目诵念《古兰经》又是那么抑扬顿挫，那么优美好听，无形中会对自己的信仰感到自豪和骄傲，也就巩固和坚定了自己的信仰。

访谈人：马某，男，31 岁，自由职业者。集体礼拜是最能够体现团结的，聚礼就更能体现了。聚礼首先体现了一种人人平等的精神。不论你的年龄、你的官职、你的地位、你的财产怎么样，在履行聚礼义务方面大家都一样，获得安拉的回赐也是一样的。这就是平等，平等就能创造团结。经训上也教导我们要团结，抓住安拉的绳索不要分裂。因为

---

① 示形礼拜是伊斯兰教规定的针对病人或者行动不便者的一种特殊的礼拜形式。按照规定，难以站立者可以坐着鞠躬、叩头，坐着鞠躬、叩头也困难者可以坐着以首示形；跪坐困难者可以仰卧示形，鞠躬、叩头困难者可以跪坐示形。

大家都有同样的义务，有同样的追求和目标，就可以朝同一个方向努力。有了平等、有了团结就能产生凝聚力。规定聚礼的本来目的也是加强穆斯林内部的团结，让分散在各地的穆斯林一个星期至少有一天可以聚在一起，为了共同的信仰而奋斗，对于增强伊斯兰教的凝聚力是很有必要的。

访谈人：纳某，男，65岁，退休工人。聚礼是最能体现民族精神和民族文化的。聚礼首先强调的是"聚"，大家聚在一起的时候也就是体现团结精神的时候，每当聚礼的时候，阿訇都要讲解教法、教义，都是劝人行善、止人作恶的一些说法，所以向善也是我们的精神。聚礼中的很多细节又体现了民族文化，比如聚礼的时候男子戴的白帽体现了我们的服饰文化，礼完拜要传油香体现的是我们的饮食文化等。那么，老一辈领着小一辈来礼拜，以后小的这一辈又领着更小的一辈来，这样就实现民族精神和民族文化的传递了。

访谈人：李某，男，40岁，会计师。聚礼带来的是一个不一样的朋友圈子，这个圈子里的人虽然平时不会有太多的交往和接触，但是由于大家都会参加聚礼，就会让你觉得很信任、很靠谱。

不同的受访者从不同的角度诉说着主麻聚礼对于他们的意义。事实上，聚礼对于穆斯林社群的意义远远大于个体。聚礼作为一项重要的宗教生活内容，让具有个体性质的宗教生活迈向了集体化和制度化，在流动的穆斯林之间建立起了一种必然的联系机制。

四 聚礼仪式的人类学分析

金泽先生认为，宗教总是能够借助对关于人类命运与幸福来世的祈祷来实现支撑、慰藉和调解功能，并在提供感情慰藉和促成人际关系与社会生活的和谐等方面发挥正面作用，因为它可以把人们的不满情绪缩小到最低限度①。信仰是宗教的核心，仪式则是信仰的主要载体，仪式是由特定人群、特定行为和特定方式组合构成的"活"的宗教。

清真寺内的聚礼仪式是穆斯林强化信仰的有效途径。伊斯兰教的信仰体系包含了伊斯兰的人生观与价值观，它通过"解答世界的起源、宇宙秩序、生命和人的产生、自然与社会的历史、人与世界的关系，以及人性、道德、生与死、肉与灵、今生与来世等涉及人生观的根本问题"②和"好"与"坏"、"对"与"错"、"是"与"非"、"真"与"假"、"善"与"恶"、"美"与"丑"等认知体系的建构，为穆斯林提供了认识世界、理解世界、把握世界的视角和方式。信仰本身就是一种对秩序的安排方式，它"促使我们去行动，帮助我们生活下去"③，它是我们获得逻辑生活的源泉，且让我们的行动和生活变得有意义、有秩序。所以涂尔干才会由衷地感叹："信仰不是别的，而是温暖，是生命，是热情，是整个精神生活的迸发，是个体对自身的超越。"④

宗教仪式是塑造、影响和强化个体宗教信仰最直接、最有效的方式。聚礼仪式的各个环节都体现着伊斯兰信仰的核心内涵，并通过聚礼仪式的过程将这些信息传递给穆斯林，帮助他们建构起自身的信仰体系。在一次又一次的聚礼仪式中，个体所建构的信仰被一次又一次强调，并在这个过程中不断得到巩固和强化。清真寺内的聚礼仪式总是能够用最直接的方式唤起穆斯林最简单却也最强烈的内心体验。这些内心体验在表达情感、缓解焦虑、抑制冲动、消弭矛盾方面起着重

---

① 金泽：《宗教人类学导论》，宗教出版社，2005，第345~346页。
② 金泽：《宗教人类学导论》，宗教出版社，2005，第346页。
③ 〔法〕爱弥尔·涂尔干：《宗教生活的基本形式》，渠东、汲喆译，商务印书馆，2013，第576页。
④ 〔法〕爱弥尔·涂尔干：《宗教生活的基本形式》，渠东、汲喆译，商务印书馆，2013，第587页。

要的调节作用。对穆斯林来说，聚礼仪式的意义是多元的，它不仅可以慰藉心灵、愉悦身心、增强信仰，也可以促进交往、凝聚、团结。清真寺内的聚礼仪式是一种集体性宗教实践活动，有着显著的聚合功能。一方面，"不管宗教仪典的重要性是多么小，它都能使群体诉诸行动，能使群体集合起来，举行仪式"。[1] 所以说，宗教仪典的首要作用就是使个体聚集起来，加强个体之间的关系，使彼此更加亲密。在聚礼仪式中，信教者的思想"全部集中在了共同的信仰和共同的传统之上，集中在了对伟大祖先的追忆之上，集中在了集体理想之上"，聚礼仪式成了共同情感的集体表达，于是在这里仪式"与公共秩序发生了关系"。[2] 在周而复始的仪式熏陶中，散落在各地的个人凝聚起来成为一个彼此心心相印且有秩序的群体——穆斯林群体。另一方面，聚礼仪式将穆斯林纳入了一种周期性的规范化的宗教生活中，通过在仪式中对信仰的重复表达和对教规的反复实践，增强了群体间的认同感，这不仅有利于信仰的加强，对于增进群体成员的联系和群体内部的凝聚力也有积极的作用。仪式能够沟通群体内部的共同价值，能够减少内部纠纷，能够产生组织团结以及一定意义上的社会整合，能够告诉穆斯林社会秩序如何实现[3]。

我们也能清晰地看到，清真寺内的聚礼仪式成了凝聚穆斯林社会的有力途径。一方面，在聚礼仪式中，大量的集体情感和集体意识被反复地、定期地强化和确认，并以此使社会成员获得情感和意识上的相似体验以及共享，"这种精神的重新铸造只有通过聚合、聚集和聚会等手段

---

[1] 〔法〕爱弥尔·涂尔干：《宗教生活的基本形式》，渠东、汲喆译，商务印书馆，2013，第476~477页。

[2] 〔法〕爱弥尔·涂尔干：《宗教生活的基本形式》，渠东、汲喆译，商务印书馆，2013，第576页。

[3] 罗慧翾：《伊斯兰教社会功能研究——以几个穆斯林社会的对比调查为例》，中央民族大学出版社，第178~185页。

才能实现"①。聚礼仪式将聚合、聚会以制度化和模式化的形式固定下来,"个体被紧密地联系起来",成为特定的群体,"进而一道加深他们的共同情感"②,在群体内部展露一种持久的团结。另一方面,聚礼仪式中包含宗教最基本也最核心的价值和规则,那是关于意义的解释和秩序的安排,并且是可以共享的,而"社会的凝聚力主要归功于共同接受的规则"③,因为对意义的探寻和对秩序的追求是人的天然需求。于是,基于对逻辑生活的渴望而共享的规则就凝聚出了一种广泛的社会团结。再者,宗教的认同功能助推了社会团结的凝聚。分类和归类是人的本能,在自我认知和社会认同的建构过程中,个体总是自然而然地将自我置身于相似的群体中,借此寻求心理的归属感和行为的认同感。在认同建构的过程中,宗教仪式不仅提供了有效的机制,也营造了一种特殊的氛围和情境,这不仅加速了认同的建构过程,同时也将群体成员的归属感和认同感放大,使个体更加紧密地凝聚和团结在群体之中。

---

① 〔法〕爱弥尔·涂尔干:《宗教生活的基本形式》,渠东、汲喆译,商务印书馆,2013,第589页。
② 〔法〕爱弥尔·涂尔干:《宗教生活的基本形式》,渠东、汲喆译,商务印书馆,2013,第589页。
③ 〔英〕西蒙·罗伯茨:《秩序与争议——法律人类学导论》,沈伟、张铮译,上海交通大学出版社,2012,第16页。

> 社会治理研究

西双版纳傣族生态文化保护的财政补偿问题研究

龙悦宁[*]

摘　要：区域发展不平衡是我国边疆少数民族地区民族文化保护的重要阻力之一，财政补偿制度是解决区域发展不平衡问题的重要措施。对民族生态文化保护的财政补偿，是我国建设国家公园、探索促进生态文化保护和区域发展相协调的新方向。在法学理论上，不同区域、不同民族应当享有公平、平等的发展权，同时各民族享有民族文化发展与传承的权利，面对区域发展不平衡中的民族文化保护与发展问题，尤其是生态文化保护问题，政府应当积极回应予以解决。以经济法的财政补偿制度促进区域民族文化发展权的平衡，给予生态保护地区民族文化发展以倾斜性的财政补偿，在保护民族生态文化的同时，带动区域全面发展，促进区域内民族发展、文化保护、生态与经济的协调可持续发展，是我国解决边疆地区民族文化保护问题的必经之路。本文以西双版纳为研究点进行分析，是基于该地区区域民族生态文化保护的现状、国家对国家公园的远景规划，以及当地地区发展不平衡这一问题。希望能够通过对生态文化保护财政补偿制度的研究，为解决以上问题提供新的思路。

关键词：区域发展；生态发展；财政补偿

---

[*] 龙悦宁，博士，云南民族大学讲师，云南民族大学民族研究所博士后。

区域发展不平衡是我国当前的主要发展困境之一，民族地区的区域发展不平衡、生态文化保护与传统生态保护制度的冲突、民族文化发展与经济发展的冲突，是边疆民族地区民族文化传承与发展的难点。如何在生态保护过程当中，确定新的民族文化保护措施，是我国建设国家公园，将生态保护制度、财政补偿制度与民族文化保护有机融合的新探索。

此时作为宏观调控手段的财政补偿制度为我们解决这一问题提供了一个路径。尤其是生态财政转移支付手段，根据"谁受益谁补偿"的原则，对因进行生态环保而丧失发展权或者发展权受限的对象予以经济和生态上的补偿，可以使生态环境的保护者和受益者之间形成良好的激励机制，从而达到生态与经济的平衡，缩小区域发展差距，消除贫困，促进民族传统生态文化的保护。西双版纳区域发展不平衡始终是制约其经济发展的重要因素，因此本文旨在通过对这一问题的研究，为西双版纳经济与生态文化保护、自然保护区发展之间如何协调平衡、消除贫困、缩小区域发展差距提供一个思路。本文主要分为四部分，第一部分是对生态发展财政补偿相关理论进行阐释，第二部分是对西双版纳的生态与生态文化保护发展现状及发展困难进行分析，第三部分是对西双版纳现有的生态财政补偿制度和国家公园建设的远景规划进行探讨，第四部分则是针对西双版纳傣族生态文化保护的财政补偿制度提出一些完善建议。

一　生态文化补偿制度的相关理论

（一）生态发展理论

可持续发展追求的是环境保护与经济发展的一体化，需要将环境保护与经济发展这两个方面结合起来，使二者协调统一，即在发展经济时，要考虑到生态环境保护的需要。消除贫困、缩小差距是全球最大的挑战。可持续发展要将经济发展和消除贫困放在第一位，生态环境的保护不能抵制该区域经济发展的需求，经济法应当在协调区域发展方面实现生态与经济的协调可持续发展。

生态发展理念来自可持续发展理念，是由"生态"和"发展"组成的复合词。生态发展就是指生态与经济间的协调、可持续发展，以消除贫困、缩小区域差距为目标，兼顾生态效益、经济效益与社会效益，是生态意识、生态制度、生态经济的全面发展。要求生态发展是要求生态与经济的公平、协调发展，消除贫困，解决区域发展不平衡问题，缩小区域发展差距，促进区域经济平衡发展。同时，对于区域发展而言，生态发展的核心在于减轻区域发展的不平衡。从财税法的角度来说，由促进生态发展而产生的不平衡问题，可以经由财政的生态转移支付制度来解决。

（二）转移支付理论

生态发展财政补偿的理论基础，来自经济学家萨缪尔森提出的公共产品理论。公共产品因其非竞争性和非排他性，不同于一般产品。在该理论中，我们将生态发展视为公共产品，由于所有人对公共产品均有需求却均不愿意进行投入，生态环境将持续恶化，生态发展问题无从谈起。如果以强制的法律手段维护生态发展，禁止某些区域的生态产品使用行为，又会造成生态保护与区域发展不协调的现实困境。因此，需要政府部门进行财政补偿或财政转移支付，将上级财政的收入补偿给因生态发展影响经济发展的区域或个人，或将上级政府财政的收入转移支付到下级政府财政，鼓励下级政府实施积极的环境发展策略。

（三）生态人类学理论

生态人类学是人类学的一个分支，它的研究对象是生态环境的文化适应性；其研究的重点是文化信仰和实践如何帮助人类适应环境，以及人们如何利用文化元素来维护生态系统。生态人类学是从文化生态学的方法发展而来的，它提供了一个比文化生态学方法更适合科学探究的概念框架。

20世纪60年代，生态人类学首先出现在对文化生态学的回应中，文化生态学是Julian Steward领导的人类学子领域。他专注于研究不同的生存方式对环境的影响，然后分析他们如何确定文化的其他方面，文化是传统生态人类学的分析对象。第一批生态人类学家探索了人类作为生态种群应该成为分析对象的观点，文化成为人口改变和适应环境的手段。它的特点是生态与文化的系统理论、文化功能主义和负反馈分析。

第二阶段的标志是"新功能主义"和/或"新革命主义"，第三阶段则被称为"过程生态人类学"。一开始，生态人类学家White和Steward共同开发了两种不同的模型。第一种模型中White的文化变迁模型是单线性和单一性的——认为文化的变迁具有唯一性；而第二种模型中，Steward则认为许多不同的文化发展线路受到了许多不同的因果因素影响。在生态人类学第二阶段，更多学者倾向于文化变迁影响因素的多样性，人类学学者Neoevolutionists借鉴了Charles Darwin的工作，认为文化变迁是渐进的，这样的渐进式发展模式，使得文化变迁与生态利用相互适用。新功能主义生态人类学将特定人群的社会组织和文化视为一种生态功能的适应性，提出生态文化可以使人们成功地利用环境而不超过其承载能力。在生态人类学第三阶段中，过程生态人类学被提出，它的目标转变为以长期的视野研究人类文化变迁与生态发展的相互关系，关注的是行为和外部约束相互影响的机制，诸如法律、经济、社会等影响因素。

本文的研究视角将采用生态人类学第三阶段的研究方法，将西双版纳傣族的生态文化保护与财政补偿制度、转移支付制度、国家公园建设规划等因素进行联系，研究如何在国家自然保护区建设中、傣族生态文化变迁的今天、保护传统生态文化的同时，完善相应的财政补偿制度，促进区域生态发展与民族生态文化发展相协调。

（四）财政补偿制度界定

1. 生态文化保护财政补偿制度的概念

在生态环境保护与经济发展的协调方面，文化保护的传承需要财政补偿制度作为基础。李传轩认为，生态转移支付"就是指国家为了解决生态财政失衡、维护生态公平、提升生态效率而进行的政府间的财政资金转移活动"①。这一概念揭示了生态转移支付主要解决生态不公、生态低效和生态失衡问题，本质上是一种生态补偿，其补偿对象应当包括区域发展的少数民族为维持生态文化而支付的相应的公共成本。袁华萍认为，"生态财政转移支付是指生态环境财政预算资金在政府之间或其他生态功能的提供者、受害者之间的转移，是实现生态补偿的重要手段"②。这一界定也同样将生态财政转移支付作为生态补偿的手段。

综上，生态发展财政补偿制度就是指政府对因进行生态环境保护而丧失经济发展权或者经济发展权受限的地区、企业组织、居民等采取的财政转移支付调控手段。根据"谁受益谁补偿"原则，由获得生态发展效益的地区向因生态保护而失去经济发展权或经济发展权受限的地区或企业组织、居民等进行财政补偿，包括中央政府对地方政府的转移支付、上级政府对下级政府的转移支付、地方政府之间的财政补偿、政府对相应企业组织和居民的财政补偿，减少因发展经济而大量开发生态环

---

① 李传轩：《生态经济法——理念革命与制度创新》，知识产权出版社，2012，第168页。
② 袁华萍：《财政分权下的地方政府环境污染治理研究》，博士学位论文，首都经济贸易大学，2016，第38页。

境的行为，从而促进城乡、区域协调平衡发展①。

2. 生态文化财政补偿的法律特征

生态财政补偿作为经济法的宏观调控手段，通过政府间生态财政转移支付，可以将中央政府或同级其他政府的财政资金转移到生态环保资金匮乏地区，从而促进该地区的生态环境保护工作，避免发展经济带来的资源环境的过度开发。

通过上述关于生态发展转移支付概念的阐释，可以概括出生态财政补偿应具备以下特征。

（1）生态文化的财政补偿主体应当是在生态发展、生态保护、区域发展过程中受到影响的各民族，其中应当以该区域生态文化受到影响的自治民族为补偿对象，即应当限定以少数民族自治地方的自治民族为主体。

（2）生态文化的财政补偿应当以弥补生态发展过程中因保护生态环境而丧失或受限的经济发展权为主。对于补偿范围来说，应当是针对生态发展的专项补偿，尤其是对生态发展落后地区以及其原住居民的财政补偿。

（3）生态文化的转移支付的预算安排，应当根据生态保护与经济发展的能力进行倾斜安排。对于经济欠发达、生态保护力度不够的地区补偿较多财政资金，反之则相应减少。

二 西双版纳傣族生态文化变迁与保护

（一）经济发展现状

西双版纳作为一个多民族自治州，近年来在中央政府及云南省政府

---

① 刘国利、吴镝飞：《当代中国环境法治的实践转向》，《当代法学》2011年第4期，第60页。

的扶持下，经济取得了相应发展，全州生产总值增幅较大，尤其是第三产业发展最快，城乡居民人均收入也有所增加。2016年以来，西双版纳州政府结合本州情况，制定下发了一系列促进生态发展的文件，比如《关于培育壮大生态经济产业的意见》，将特色生物、旅游文化、加工制造、健康养生、信息及现代化服务、清洁能源等作为全州六大生态产业予以重点扶持，并提出了坚持"保护生态环境，发展生态经济，弘扬生态文化，建设生态文明"的发展思路，以突出发展特色优势产业，加快形成新的产业集群，打造全州经济增长新引擎为发展目标①。

西双版纳往往通过开发自然资源等方式进行经济建设，比如旅游业的发展，往往以开发当地多样的生物资源、民族村寨特色为支撑。在这种发展模式下，产生了一系列区域发展不平衡问题，导致西双版纳城乡差距拉大，贫富两极分化严重，主要表现在以下方面。

1. 经济作物种植与森林生态功能保护不平衡

西双版纳橡胶总面积约占全国总面积的26.6%，年产干胶约占全国的34.5%，橡胶种植面积和干胶产量居全国第一；普洱茶的产量也同样居全国第一②。但是，大面积单一种植橡胶和茶叶造成了西双版纳森林生态功能的弱化，主要表现为垦殖区水源明显减少、水土流失加剧、土壤肥力减弱、森林病虫害增多等一系列生态问题。

2. 农业发展与环境污染之间不平衡

西双版纳具有得天独厚的地理及气候条件，药用植物、热带水果、热带花卉资源十分富集，于是发展生态特色农业成为农民增收、脱贫致富的

---

① 西双版纳傣族自治州人民政府：《关于培育壮大生态经济产业的意见》，http://www.xsbn.gov.cn/143.news.detail.dhtml?news_id=45545，访问日期为2018年10月6日。

② 西双版纳傣族自治州人民政府：《六大生态经济产业持续良好发展》，http://www.xsbn.gov.cn/299.news.detail.dhtml?news_id=38433，访问日期为2018年10月6日。

主要方式，但是畜禽养殖业的发展，农药化肥、农用薄膜的不合理使用，在一定程度上造成了农村环境的污染和破坏。令人担心的是，目前很多干部和群众对该问题的危害性认识不足，农村生态环保力量普遍薄弱。

3. 自然保护区与非自然保护区居民发展不平衡

西双版纳生态资源丰富，建有多个国家级自然保护区和省级自然保护区。自然保护区的开发有助于一系列第三产业的发展，比如旅游业、餐饮业等，使得自然保护区周边居民收入大幅增加，生活水平提高，但是非自然保护区内的居民收入来源单一，主要靠传统农业种植，因此收入极低，仍处于贫困状态，由此导致了居民贫富差距扩大、区域发展不平衡。

4. 生物多样性保护发展受限

近年来，随着野生动物种群数量的不断增加，西双版纳州野生动物侵权案件呈现增加趋势。在补偿方面，虽然国家不断提高补偿的标准，但是，与受害群众的直接损失和期望值还有很大的差距。这不仅严重地影响了山区群众正常的生产、生活秩序，而且影响到了山区群众全面建成小康社会的步伐，挫伤了群众保护野生动物的积极性。

5. 水污染与治理投入之间的不平衡

一方面，西双版纳州主要河流的水环境形势严峻，尤其是澜沧江水污染综合防治任务十分艰巨。另一方面，居民生活用水污染严重，但是城市与乡镇污水处理基础设施不完善，同时一些企业污染处理设施落后，超标排放以及偷排等现象依然严重。这些问题严重造成了西双版纳水资源保护的不平衡。

（二）西双版纳傣族生态文化保护财政补偿的迫切性

西双版纳位于云南省低纬度、低海拔地区，是中国少数几个依然保有原始森林的区域之一，也是中国首批建设跨境自然保护区——中、老、缅跨境自然保护区的试点区域。傣族的生活条件较其他少数民族较为优越，在西双版纳地区分布在澜沧江流域土地肥沃的平原地带。由于澜沧江灌溉和云南西南地区独特的气候、云南水稻的多季性，该区域物产丰富、生活富裕。河流和雨林为傣族提供了优越的生活生产条件，沿水而居的居住习惯影响了傣族对河流文化的信仰，使得傣族的生态文化与水文化密不可分。生态崇拜、自然信仰是傣族文化的重要组成部分，傣族文化有先天的生态和谐特征，讲究人与自然和谐相处，对自然敬畏和依赖，没有对生态环境征服和破坏的文化信仰存在，生于自然归于自然是傣族文化的特色。对水和森林的信仰，产生了一系列生态类型的水和森林规定，这应当属于一种具有原生形态的稻作文化。

西双版纳傣族生态文化可以分为竹楼文化和稻作文化、水信仰生态文化、"垄林"自然生态观几个方面。在傣族的宗教文化中，其崇拜对象都为生活中十分重要的生态对象——水和森林。傣族虽全民信仰上座部佛教，但其宗教文化又具有浓厚的原始宗教色彩，都有神林、神树崇拜，这或许是因为他们已总结了森林和水源的关系。傣族一般以村寨周围的大榕树为神树，不准砍伐。在神的监督和保护下，许多村寨周围的树木得以保存下来，不仅保护了水源，而且对气候也大有裨益。水更是傣族生态文化中最有代表性的自然物，生活、生产中一刻也离不开水，所以傣族敬水拜水，把它作为吉祥的象征，甚至把泼水节作为隆重年节的代名词。正因如此，傣族十分珍惜水资源，除在灌溉中合理利用、分配水资源，形成一整套水利管理制度外，在生活中也对水形成了一些良好的习惯，诸如不在河中解大小便，在水井旁或水井上筑塔营造神圣的氛围，还有一系列对水井的乡规民约[①]。

然而，随着西双版纳地区旅游业和农业的发展，越来越多的外来人

---

① 白兴发：《傣族生态文化略述》，《思茅师范高等专科学校学报》2013年第4期，第30页。

口将新的农耕方式和经济方式带入傣族居住地区,譬如以旅游业为主的傣族园景区,大部分傣族居民已经抛弃了传统的生态生活方式——抛弃了传统民居竹楼;不再从事稻作农耕生产,转而将肥沃的土地租赁给外来人口进行香蕉、火龙果等高附加值水果的种植;除对"垄林"的特殊信仰的生态观予以保留外,对传统信仰中神河澜沧江的水资源污染和周边雨林的保护问题选择视而不见,很多地区已经丧失了传统生态文化保护价值。有的地区更是由于旅游业不发达,且缺乏对第一、第二产业的支持,发展较为落后,在发展权没有得到充分保障的情况下,现行的自然保护区政策和财政补偿的缺位,导致傣族居民的发展与生态保护产生了激烈矛盾,使得傣族生态文化的保护与发展受到了巨大的挑战。除了少数旅游景区内,生态文化补偿也仅仅针对传承竹楼生活方式的傣族居民,难以解决目前西双版纳地区,尤其是生态保护区域内傣族生态文化保护与发展权的矛盾。

三 西双版纳生态发展财政补偿制度

(一)生态财政补偿措施

西双版纳州对生态发展进行了相应的财政补偿,也取得了一定的成绩。云南省政府以及西双版纳州政府投入大量财政资金进行经济作物种植和自然保护区等建设,并整合投入大量资金进行环境友好型胶园和生态茶园建设。每年州财政预算安排相应的资金进行两园建设,到目前(2019年)为止,已建成33.79万亩生态胶园和45.17万亩生态茶园,增加了群众的收入。州政府自2012年起,通过州财政安排不低于1000万元的热带地区生态农业产业发展专项资金,重点用于建设扶持高原热带地区生态特色农产品精深加工等,采取以奖代补、保险补贴、信用担保等多种扶持方式,一定程度上以财政的引导和杠杆作用进行生态补偿。

（二）对生态文化补偿的缺失

可以看出，西双版纳生态财政补偿主要是针对生态农业发展的补偿措施，其重点在于对生态农业、精深加工农业进行补偿，其手段主要为财政奖励、保险、政府担保贷款。但是对西双版纳旅游发展问题中的生态文化保护问题、对自然保护区建设中的生态文化补偿问题，并没有进行深入研究和探讨，也缺乏实质性的措施，其主要问题如下。

1. 对傣族生态文化主体的补偿缺乏认可

傣族的生态文化在发展中遇到的问题并没有引起西双版纳州政府的足够重视。现行的西双版纳生态财政补偿的主体主要是云南省政府以及西双版纳州政府，补偿形式是中央基于区域平衡发展进行的财政转移支付。接受生态财政补偿的主体主要是州政府及下辖的各个市县乡镇，仅限于政府间转移支付，尚未涉及生态发展专项补偿，也未涉及对企业、经济落后地区原住居民的补偿。

2. 补偿形式没有脱离传统的补偿路径依赖

西双版纳生态财政补偿应该涉及自然保护区建设、经济作物种植技术改进、生物多样性保护等诸多方面，但是目前多为专项财政转移支付，主要针对水利建设、医药发展、公共交通等方面，没有涉及生态发展补偿的根本领域。这导致没有得到补偿的地区以及该地区的原住居民仍然处于贫困状态，尤其是自然保护区内的自治民族、原住居民，以及因自然保护传统生态文化生活方式受到极大损害的居民，应当而没有得到补偿。

3. 没有将生态文化发展的不平衡作为补偿的考虑要件

传统的生态补偿制度，将生态发展和农业发展作为生态补偿的重点，其目的在于通过生态补偿措施改进当地的生产生活方式，鼓励绿色农业、生态产业的发展方式，以经济发展作为衡量生态补偿的重要指标，忽视了生态文化的保护和发展的不平衡，对生态文化不够重视，没有将该指标纳入补偿的考虑要件。除了旅游区外，没有对生态文化保护和传承进行补偿。

四　完善建议

（一）扩大接受生态财政补偿的主体范围。由于财政补偿的主要目的在于发展经济、消除贫困、缩小区域发展差距，因此可以将生态补偿与扶贫工作相结合，对落后产业进行产业扶贫，对农村贫困居民进行精准扶贫，故而将企业组织及农民个人纳入接受补偿的主体范围。

（二）积极促进纵向转移支付向纵横结合的转移支付形式转变。若长期以纵向转移支付为主，将会降低地方政府的生态发展积极性，增加横向同级政府间转移支付可以减少上级政府的财政压力，同时也可以对同级地方政府进行激励，促使其由依靠上级政府"输血"转为依靠自身经济建设"造血"。

（三）拓宽转移支付投融资渠道。西双版纳传统的转移支付资金来源于地方税收等财政资金，如若一味地将政府财政资金用于生态转移支付，可能减少其他生态发展领域的资金，因此，在长期财政总资金可能不变的情况下，应该拓宽生态财政转移支付投融资渠道，例如降低生态资金贷款利率、减免生态企业的所得税等。

（四）建立健全生态财政补偿监督管理机制。建立西双版纳生态财政补偿监督管理机构，负责监管生态转移支付资金的来源和去向，并对其实施效果进行"回头看"式的评估，确保生态财政资金落到实处，发挥最大价值。

结语

生态发展是人类生存发展的重要课题，也是民族生态文化保护的重要组成部分，随着国家对生态环境保护、经济发展、文化保护的重视不断加强，生态、文化与经济的可持续发展成为我国社会主义现代化建设的关键因素。因此国家应该积极使用财政政策这一宏观经济调控手段，在对生态发展予以支持保障的同时，对民族地区生态文化进行补偿式保护，这是重视各民族发展权最直接的体现。经济落后地区，更要加大财政保障倾斜力度，以确保区域生态平衡、城乡生态平衡。傣族是西南边疆的重要兄弟民族，其传统和谐的生态文化，对稻作农业在热带及亚热带雨林中成功的文化适应与创造具有重大的价值。财政补偿制度应当延伸到该领域，对建立和谐的民族生态生活方式、发展边疆少数民族地区具有示范意义。

社会治理视角下滇西边境片区反贫困的现实路径

段岩娜[*]

摘　要：本文将社会治理视角应用于滇西边境片区反贫困问题的分析，主要关注这样的问题：当下的反贫困是否真正合乎社会治理之要求？反贫困中出现的问题在多大程度上是由不重视社会治理导致的？如何在反贫困上引进社会治理视角？针对这些问题，本文的基本观点是滇西边境片区的反贫困不只是一个经济问题，更是一个社会治理问题，偏重于经济思维不足以解决反贫困中出现的效用问题、公平问题、目标与需求偏离问题以及可持续性问题等。社会治理视角可以有效地促进贫困对象充分地表达自己的想法、需求、利益乃至积极参与反贫困进程，可以有效地发动其他社会力量参与到反贫困中，与政府形成有分工、有合作的伙伴关系。

关键词：社会治理；滇西边境；反贫困；多主体协作

一　引言

国家治理能力现代化的发展进程，体现为由单一的行政治理，走向行政治理与社会治理协同发展有机统一的自然演进历程。当代中国社会治理的任务是紧紧围绕更好保障和改善民生，以促进社会公平正义；通

---

[*] 段岩娜，博士，云南省社会科学院社会学研究所副研究员。

过深化社会体制改革，完善收入分配制度，以促进全民共享改革成果、实现共同富裕；通过对贫困户和贫困村的精准识别、精准帮扶、精准管理和精准考核，引导各类扶贫资源优化配置，以实现扶贫到村到户，构建精准扶贫长效机制，为科学扶贫、精准脱贫奠定坚实基础。将精准扶贫纳入国家治理能力建设之中，不仅对扶贫实践具有制度指导的价值意义，而且是扶贫政策在确定对象群体和实现目标政策上的渐进完善和精准化努力。

党的十九大报告指出，要坚决打赢脱贫攻坚战，使精准扶贫、精准脱贫成为实现第一个百年奋斗目标的重点工作，并将其上升到治国理政的高度。"精准扶贫"已经不仅仅是单纯的瞄准机制，而是逐渐发展成为一项包含社会动员、项目管理、群众参与以及制度建构的综合性扶贫治理战略，成为国家治理现代化在扶贫领域的重要体现。

2011年，《中国农村扶贫开发纲要（2011~2020年）》正式颁布实施，明确将14个集中连片特困区作为21世纪第二个十年扶贫开发的主战场。这14个集中连片特困区分别为大兴安岭南麓片区、燕山-太行山片区、吕梁山片区、六盘山片区、大别山片区、罗霄山片区、秦巴山片区、武陵山片区、乌蒙山片区、滇桂黔石漠化片区、滇西边境片区、四省涉藏工作重点地区、新疆南疆三地州和西藏自治区。2020年建成全面小康社会的难点和关键都在连片特困区。所谓"连片特困区"，不仅是指这些地区贫困范围广、贫困程度深、扶贫开发工作难度巨大，更为重要的是，随着我国经济发展的阶段性特征转换，既往的减贫模式，已经很难适应此类地区的贫困治理事业，迫切需要完成理论视角的转换。同时，连片特困地区多具有自然地理条件的复杂性和经济社会文化多元性并存的特征，以发展主义为核心的同质化贫困治理方案，不仅难以实现减贫的目标，反而会面临巨大的生态风险、社会风险和文化风险。

二　理论回顾

基于认识论的差异性，人们对于贫困的讨论主要包括物质型论述、批判型论述和社会建构型论述等。物质型论述是基于实证主义范式而言的，也是一种主流论述，它认为贫困是一种客观和普遍性的存在，可以通过经济收入、食物热量摄入、居住环境、医疗卫生、教育水平等指标体系来精确测量。代表性的观点有西勃海姆提出的绝对贫困概念，即一个家庭的总收入不足以维持最基本的物质生活需要。当然，相对贫困虽然强调一定的时代性和动态性，亦属于实证主义认识论的范畴。批判型论述主要基于批判主义范式而言，即所谓贫困虽然也是一种客观存在，但这种存在主要是不合理的社会制度和结构的产物。如沃勒斯坦认为，边陲国家的贫困是由中心国家的资本扩展导致的。阿马蒂亚·森则认为，穷人之所以贫穷是因为被富人剥夺了经济机会和社会机会[1]。而社会建构型论述则认为，贫困并不一定是客观理解，而是资本主义的发明和文明社会的建构物，反贫困的逻辑路向主要涵盖施与受、公平与存在。总体审视这三种治理逻辑，如人类学家萨林斯所说，贫困并不意味着个人财产的缺失，世界上最原始的人很少占有什么，但他们并不穷。

阿马蒂亚·森认为，贫困是不合理的制度或政策导致个体失去社会机会所致，社会机会主要指在教育、保健等方面的社会安排[2]。奥斯卡·刘易斯则认为，贫困者独特的居住空间和生活方式，导致其与主流文化相隔离形成一种贫困亚文化，这种亚文化具有代际传承性、再生产性和传染性，亚文化反过来制造或再生产贫困[3]。让·鲍·德里亚则认

---

[1]〔印〕阿马蒂亚·森：《以自由看待发展》，任赜、于真译，中国人民大学出版社，2002。
[2]〔印〕阿马蒂亚·森：《以自由看待发展》，任赜、于真译，中国人民大学出版社，2002。
[3]〔美〕奥斯卡·刘易斯：《贫困文化：墨西哥五个家庭的一日生活》，邱延亮译，巨流图书公司，2004。

为，贫困或缺乏是一种被资本打造的"符号"，这种符号让个体落入终生追逐消费之境而不能自拔。詹姆斯·C.斯科特则用生存伦理来阐释东亚农民的"贫困"成因，他认为，在大多数资本主义农业社会里，对食物短缺的恐惧产生了生存伦理。由于生活在接近生存线的边缘，受制于气候的变幻莫测和别人的盘剥，农民对于传统的新古典主义经济学的受益最大化几乎没有进行计算的机会，典型的情况是，农民耕种者力图避免的是可能毁灭自己的歉收，并不想通过冒险而获得大成功、发横财①。上述这些论述基本都是基于一种外倾性归因来理解贫困的，是一种比较宏观性的阐释视角。也有诸多学者偏重于内倾性归因来解读贫困问题，如早期的基督教将贫困视为一种灵魂的罪恶与堕落，主张通过道德升华与灵魂救赎来应对贫困问题。资本主义起初也将贫困视为因个体自身能力不适应市场"优胜劣汰"竞争法则而出现的自然现象。边沁则更直接上升到道德色彩来审视贫困，他认为，穷人只要处于贫困就能证明他们和不守规矩的孩子一样，没有自由。迈克尔·谢诺登认为，一个人缺乏资产是其贫穷的主要原因，资产分为有形资产和无形资产，有形资产包括货币储蓄、股票、不动产等，无形资产包括人力资本和社会资本等。由此看来，贫困是个人资产和社会资本短缺所致，是个人的能力问题。塞德希尔·穆来纳森认为穷人是缺少"带宽"而导致的，"带宽"就是心智容量，包括两种能力，分别是认知能力和执行控制能力。稀缺会降低这些"带宽"的容量，致使他们缺乏洞察力和前瞻性，还会减弱他们的执行控制力②，即我们一般所说的贫穷与愚昧互为因果关系。综上可知，关于贫困的内外成因会集了宗教学、哲学、社会学、文

---

① 〔美〕詹姆斯·C.斯科特：《国家的视角：那些试图改善人类状况的项目是如何失败的》，王晓毅译，社会科学文献出版社，2017。
② 〔美〕塞德希尔·穆来纳森、埃尔德·莎菲尔：《稀缺：我们是如何陷入贫穷与忙碌的》，魏薇、龙志勇译，浙江人民出版社，2014。

化人类学和心理学等诸多学科的知识，这也为我们探寻贫困成因和应对策略提供了多元化的视角。

在贫困研究领域中，形成了结构解释和文化解释的对垒。在致贫原因方面，学术界有多种解说，如物质贫困说、能力贫困说、社会排斥论等。贫困有多种表现，如经济贫困、能力贫困、权利贫困、空间贫困、生计贫困、文化贫困等。现实中，贫困的原因、表现、结果等交织在一起，形成恶性循环。在某些地区，贫困呈现更为复杂的致因及表现，例如在少数民族地区，除了自然地理条件恶劣、生态环境脆弱、基础设施薄弱、灾害频繁发生等原因以外，还包括少数民族社区发展中社区主体性缺失、地方性知识传承危机、原有社会整合模式和运行方式的基础发生松动等[1]。

在连片特困区贫困的研究方面，学者认为，长期以来，连片特困区深陷"贫困陷阱"和"梅佐乔诺陷阱"，在国家发展格局中遭遇"被遗忘、被边缘、被救济"的尴尬处境。虽然在国家扶贫攻坚战略和西部大开发战略的支持和推动下，生存和温饱问题基本解决，但发展问题仍是制约其持续减贫和共享发展成果的瓶颈。缺乏自生能力是连片特困区区域性贫困的根源[2]。连片特困地区，不仅是指这些地区贫困的范围广、程度深、扶贫开发工作难度巨大，更为重要的是，随着我国经济发展的阶段性特征转换，既往的减贫模式，已经很难适应此类地区的贫困治理事业，迫切需要完成理论视角的转换。同时，连片特困地区多具有自然地理条件的复杂性和经济社会文化的多元性并存的特征，以发展主义为核心的同质化贫困治理方案，不仅难以实现减贫的目标，反而会面临巨大的生态风险、社会风险和文化风险。对连片特困地区的贫困治理要秉

---

[1] 向德平、程玲：《连片开发模式与少数民族社区发展》，民族出版社，2013。
[2] 游俊、冷志明、丁建军：《中国连片特困区发展报告（2013）》，社会科学文献出版社，2013。

持民族视角、生态视角、特殊群体视角、性别视角[①]。

从上述文献可以看出,当前的反贫困政策缺乏社会治理视角,致使扶贫效率偏低、扶贫制度建设滞后、公众及贫困人口参与不强,导致扶贫目标的偏离和变异。现有扶贫更多地考虑反贫资金、反贫项目和反贫效益等经济问题,甚少考虑在这个过程中怎样实现多元主体参与,如何实现资金、项目和其他资源与需求有效对接等系统性的社会治理问题。现有的相关研究虽然触及反贫困中的社会治理问题,但是将社会治理的视角运用于少数民族地区,特别是连片特困地区的扶贫,还没有对此进行系统的讨论和分析。可以说,边疆民族地区农村反贫困不只是资源投入多少问题,更主要的是社会治理能否得以实施,可以说,农村反贫困就是农村社会治理的难题。

三 滇西边境片区贫困的现状与特殊性

(一) 滇西边境片区发展现状

《中国农村扶贫开发纲要 (2011~2020 年)》以贫困人口在地域上的分布特征为依据划分了 14 个集中连片特困地区,共涵盖 680 个县,其中滇西边境集中连片特困区 (简称"滇西边境片区""滇西片区")涉及 10 个州市 61 个县 (市、区) 19 个边境县,包括 45 个国家扶贫开发重点县,是毗邻国家最多、边境线最长、边境贫困问题最为严重的片区,是少数民族种类最多、人口较少民族最为集中的片区,是全国也是云南省扶贫攻坚的重中之重、难中之难。

截至 2015 年底,滇西片区有贫困人口 192 万人,贫困发生率为

---

① 吕方:《发展的想象力:迈向连片特困地区贫困治理的理论创新》,《中共四川省委省级机关党校学报》2012 年第 3 期。

15.5%。2015年，片区农村居民年人均纯收入为7892元，比云南省平均水平（8242元）低350元，比全国平均水平（10772元）低2880元，仅为全国平均水平的73%。滇西片区是典型的多民族聚居地，有彝、傣、白、景颇、傈僳、拉祜、佤、纳西、怒、独龙等25个少数民族，其中15个为云南独有少数民族、8个为人口较少民族。截至2015年，滇西片区有少数民族人口831.5万人，少数民族人口比重为47.48%，这比同期全省的少数民族人口比重（33.4%）高出14.08个百分点，比全国少数民族人口所占比重（8.49%）高出38.99个百分点。

（二）滇西边境片区贫困的特殊性

滇西片区的贫困情况较为复杂，且贫困户的致贫原因多样，而现行的精准扶贫政策没有根据不同地区和不同贫困户的需求进行差异化帮扶，导致精准扶贫措施实施效果不佳。从调研的具体情况来看，具体的致贫原因如下。

1. 社区主体性缺失和地方性知识危机

滇西片区有26个民族，一方面，各地独特的民族文化和丰富的地方性知识构成了贫困治理重要的文化资源；另一方面，较为稳固的生计和文化形态，也可能构成发展的制约因素。滇西片区贫困群众远离国家的政治、经济和文化中心，与内地群众相比，国家认同感、政治信任度、民主法制意识、政治情感、政治规则等方面具有鲜明的差异性和复杂性[1]。

滇西片区远离国家的政治文化中心，与我国经济发达地区相距甚远，与之毗邻的国家经济发展水平都滞后于我国。该区域交通不便，与

---

[1] 付耀华：《云南边境民族贫困县政府公共服务能力研究》，云南人民出版社，2015，第34~35页。

外界的信息交流主要靠电视等大众媒介，但是有的贫困家庭连电视机都购买不起，这些家庭无疑处于一种与外界隔离的状态。在此区域内生活的群众与外界少有信息交流，他们形成了自己的价值观，这种价值观代代相传，贫困文化因此形成且根深蒂固。贫困文化世代相传，贫困也世代相传。同时，在贫困治理中，扶贫项目都是自上而下的，缺乏对社区特征、贫困人口需求和民族文化等方面的对接和配合，导致很多扶贫项目在该区域效率低下。

2. 滇西边境片区边境问题导致反贫困工作复杂化

滇西边境片区处于我国国防前沿，地缘政治格局复杂，受周边国家和国际局势的影响较大，面临着毒品问题、艾滋病问题、走私问题、文化认同问题、民族认同以及国家认同问题等边境特殊问题。这些问题交织在一起使滇西片区的社会治理呈现出复杂性、敏感性。

3. 社会发育程度低，自我发展能力弱

滇西边境片区有12个从原始社会末期、奴隶社会或封建社会初期直接过渡到社会主义社会的"直过民族"贫困人口138万人。"直过民族"是特殊的群体，居住在自然环境恶劣、交通不便的山区，生活相对封闭。许多农户的思维和生活方式难以适应现代社会的发展。社会发育程度低、人均受教育程度低，导致贫困代际传递现象突出。

四 社会治理视角下滇西边境片区扶贫中存在的问题

"治理"并不是一个新概念，早在20世纪末"治理"这一概念就已兴起，因为其宽泛而富有弹性的含义，被广泛应用于公共治理的研究中。近年来，国内学界开始使用"治理"概念，归纳起来"治理"一词体现了权力多中心、协调不间断性、公共部门和私人部门共同承担等内在含义。而社会治理则指在科学规范的制度指引之下，以主体间的多元合作和共同参与为基础，在以人为本的共识下合理配置社会资源，满足民众合理要求①。将社会治理的内涵引入贫困领域，强调政府、市场与社会三者的良性互动，注重社会资本和多元治理主体的培育以及不同治理主体治理能力的提升。

在社会治理理论中，有几点非常重要：一是社会治理的主体不是单一的，而是多元的；二是各社会主体之间形成平等的互动、交流、合作乃至冲突处理、监督关系；三是公平、公正、公开、法治和民主是处理它们关系的主要原则和机制。把这样的治理视角应用于反贫困问题的分析，必然要关注这样的问题：农村反贫困是否真正合乎社会治理之要求？当前农村反贫困出现的问题在多大程度上是因为不重视社会治理而产生的？如何在农村反贫困问题上引进社会治理视角？从社会治理视角看，滇西边境片区农村开发扶贫工作主要存在以下问题。

（一）乡村治理环境空心化

农村劳动力大量外出、乡村出现空心化等新的农村治理环境也对扶贫瞄准机制的落实提出新的挑战。乡村空心化程度不断加深，使建立在农民广泛参与基础上的工作机制开始难以发挥作用。一些基层干部表示，由于大量中青年劳动力外出，村民代表会议和村民大会难以召开。通过民主程序来识别贫困户和分配扶贫资源很难落实，这为扶贫到户、资源分配的公平和公正带来严峻的考验。据某县政府官员称："现在乡村监督也很难，虽然有一事一议制度，也有民主评议和公示，但村民代表都外出务工了，没法开会，村干部几个人也只能在办公室商量后定下来，而且就算建立了完善的机制，也没有人去执行和实施。有时候需要开会，来的大部分是老人。"据某村干部称："在建档立卡的过程中，

---

① 向德平、苏海：《"社会治理"的理论内涵和实践路径》，《新疆师范大学学报》（哲学社会科学版）2014年第6期。

也想把大家召集起来议一议，但来的人很少，只能让村干部来搞。"这就容易出现政策执行偏差的问题。留在村中的乡村干部和精英群体与贫困农户群体之间呈现出极大的权力失衡，村民监督也就形同虚设。此外，劳动力外出，一方面导致很多贫困农户无法参与贫困农户的识别过程；另一方面也造成了很多到户的发展项目无法实施，尤其是一些需要劳动力投入的养殖业和种植业扶持项目以及农村实用技术培训等。某县扶贫办主任告诉笔者："农村实用技术培训现在很难开展，留在家里的大部分是老人，青壮年劳动力都外出务工了。按照规定，如果只有建档立卡的农户才能参加，来参加培训的农户就会非常少。但是现在审计规定只要不是建档立卡的农户参加培训，就不能使用扶贫资金，扶贫资金要追回。很多县里的培训资金都用不完，因为都不敢用。"

（二）贫困治理中社会的缺失

社会治理讨论中强调最多的就是多元主体，包括政府、社会组织、社区、企业、家庭、个人等。在扶贫开发项目中，现在缺的不是政府、企业，缺的是社会，包括社会组织、社区、家庭和个人，尤其缺社会组织。因为家庭、个人乃至社区只有通过一定的社会组织，才能获得参与项目开发的机会、能力和收益，而开发项目也只有通过一定的社会组织，才能更好地促进农户的广泛接受和参与。

现在的扶贫实践是政府在农村扶贫工作中占据主导地位，各种社会组织、民间团体在扶贫过程中未能发挥应有的作用。忽视社会组织对扶贫工作的贡献，忽视社会性互助互济机制的建立，在一定程度上削弱了扶贫投入的效能。

案例1："公司+基地+农户"的产业模式

某镇的产业扶贫项目主要是进行玛卡、辣木、三七等经济作物的种植，为此还成立了农业生物科技有限公司，采用"公司+基地+农户"

的运作模式，流转农户土地3400亩，单价为500元/亩。但是，这种市场化的经营模式又缺少对于贫困户的特殊照顾和扶植，当地贫困户很快沦为农业公司的打工者。流转了土地的贫困户只能依靠地租以及在产业基地打工的微薄收入，在整个市场化的产业价值链之中处于最底端的位置。最终获得利益的是承包土地的外来老板，实际上并没有带动周围的贫困户脱贫。

这个案例让我们看到，由于没有社会组织或者农户自组织参与项目的运作，扶贫产业与农户的利益分配机制不完善，从而违背了扶贫政策的初衷，导致贫困户成为公司的打工者。

（三）贫困治理中贫困人口主体性的缺失

以往的发展规划中，采用的多是自上而下的视角，将发展的主体贫困人口客体化，成为治理的对象，而不是治理的主体。贫困者通常被认为不具备参与贫困治理项目规划能力，自上而下的视角是贫困治理方案的基本路径。虽然参与式发展的理念经一些国际NGO进入中国贫困治理的理论和实践中，但并未从根本上走出客体化贫困治理思维的陷阱。在拉祜族社区的调研中，笔者听到基层扶贫工作者讲了这样的案例：某扶贫项目组在拉祜族社区六六新寨帮助当地人脱贫致富，他们在村里转了一圈，认为搞养殖见效快，于是买来小猪无偿送给村民饲养，然后扶贫组离开了。数月后，当项目组再次来到六六新寨，村民告诉他们说："你们的猪死了。"在这个例子中，穷人的发展资源几乎都是由政府无偿提供的，穷人被动地参与贫困开发项目，与政府扶贫的主导思想脱节，导致"脱贫是政府的事，和穷人没关系"。这样的扶贫模式不能促进穷人自我意识的增强和能力的提高。

案例2：一个产业扶贫项目

精准帮扶到户的措施主要表现在产业扶贫方面。目前，从国家宏观层面来看，专项扶贫资金到了地方要求70%以上必须用于产业扶贫。

在大理玉村的调研中，笔者发现这样一个案例。在产业扶贫方面，玉村得到的帮扶主要是"整乡推进"中的产业部分，具体而言就是发展养殖业。玉村在产业扶贫项目中获得的指标是60头牛、100只羊和155头猪。对于养牛国家补贴5000元/头，养羊补贴1000元/只，养猪补贴1000元/头，但是相关政策要求产业扶贫资金70%以上必须补贴给建档立卡的贫困户。但村内的贫困户对于这些产业扶贫项目并不欢迎，反倒是非建档立卡农户进行养殖的意愿比较高。乡镇干部和村干部鉴于以上政策限制又不得不分配给贫困户，他们一方面开会宣传相关政策以及从事养殖的种种好处；另一方面则为了完成任务，不得不把指标分配给一些条件稍好的农户。为了防止采购后有农户后悔不养，镇政府还要求凡是参加产业扶贫项目的农户须先交押金，养猪、养羊者交500元，养牛者交2000元，采购回来之后超出的部分从押金里面扣除。这里的问题是，贫困户对政府采购的品种、质量不信任，所以很多人不愿意参与。镇上最近刚想出一个新办法，也就是在采购时会在村里推选几个代表参与政府招投标和采购的过程。即使如此，贫困户的态度仍不积极。

通过对农户的访谈，发现农户态度不积极的原因主要有以下几点。第一，政府采购的价格比较高。比如，政府采购每头牛的价格可能是八九千元，但农户自己到集市上购买也就3000元左右。也就是说，即使算上政府补贴，农户掏的钱也会高于自己在集市上购买的价格。这主要是因为政府采购程序比较正规，需要检疫检测、血清、拍照、归档、统一运输等，而农户自己在集市上购买则不需要这些程序，所以用较低的价格就能买到。第二，建档立卡贫困户大多是因病、因残致贫，家庭劳动力有限，而发展产业则需要很大的劳动力投入，尤其是养殖业属于劳动密集型产业。第三，对市场风险的担忧。当地农民基本没有从事过类似的养殖项目，对养殖过程中的风险以及出售价格的不确定性感知使他们害怕承担风险。

为什么旨在推动地方产业发展的项目无法吸引贫困人口的主动参与呢？这要从政府和社会两个维度来讨论。就扶贫政策本身来说，自上而下的决策过程容易造成项目与实际需求发生偏离，即政府所选择的扶贫项目可能并不符合地方实际，即便项目规划本身是科学的，在执行过程中也可能产生偏离。笔者在调研过程中发现，很多农户在参与项目过程中的被动态度并非源自对项目本身的不满，甚至出现一方面对项目持正面评价，另一方面又不愿积极参与的情况。而政府投资基本上是沿着自上而下的路径传输下去的，项目的确立是否合乎贫困地区的实际情况，尤其是贫困人群的需求、能力，基本上没有得到详细的、周到的考虑，更缺乏贫困农民的表达和参与。正是由于缺乏多元的社会参与，开发式扶贫项目在推进过程中存在不接地气、不服水土、市场风险大、收益分配不合理、寻租问题严重、社会矛盾多等问题。

（四）扶贫政策和项目的在地化困境

在地化是对扶贫项目从上而下的一种制约，其作用在于避免社区被边缘化或客体化。在地化需求的是社区的独特性，追求地方的文化、发展需求的独特性。

比如德宏州某县的安居工程项目，对贫困户的危旧房进行改造加固，拆除重建补贴6万元，抗震加固补贴4万元，改造美化补贴2万元；民居建设必须按照实际图纸进行施工，自建投资估算12万~35万元（根据不同的户型、规模），拆除重建需要自筹6万~31万元。贫困户不能负担自筹部分，就无法享受该项补贴款，这就造成项目开展部分受阻。

在阿昌族地区调研时，一位当地的扶贫干部这样告诉我们，一些贫困户不了解政策，比如产业扶贫中猕猴桃种植，无论是发苗还是技术培训,都是贫困户优先,但是部分贫困户表现不积极,原先报了200棵,最后种植100棵,种上之后学习技术也不积极,接到培训通知也不去学习,由于对技术的掌握差,猕猴桃长势不好,经济收益差。部分贫困户申请低保时不了解政策,看到自己的低保标准和别人不一样,就以为是村干部厚此薄彼,要去和村干部吵架。其中有一位农户十分得意地说,原来不给她低保,她去和村干部吵架,吓唬对方自己的表妹是大官,才拿到了低保。这番话值得我们去思考:为什么针对贫困户的扶贫政策却不为贫困户所熟知?政策的宣传是否到位?贫困户表现不积极的原因是什么?低保户的申请是公平公正的还是存在其他权力因素?这些问题的产生和扶贫项目及资金没有在地化发展有很大关系。

(五) 社会扶贫碎片化的困境

当前,社会力量作为扶贫开发的重要主体,对减贫事业做出了积极贡献,但在参与效度上尚未形成合力,碎片化现象突出,包括政策分散、管理分散、资金分散、项目分散、队伍分散、对象分散等。在户撒阿昌族民族乡的调研中,笔者发现扶贫涉及的部门较多,比如扶贫办、民宗局、住建局、乡政府、援助单位等。这些部门都涉及扶贫工作,却各有侧重。在实际工作中,统一协调不足造成部分工作重复,有些部门工作难以展开。以户撒乡的安居工程为例,扶贫款由三个部门负责筹资,省烟草局对每户补助6万元,住建局对每户补助1.2万元,民宗局对每户补助1万元,各自展开工作。按照要求,房屋要开工达到验收标准才能拨款,这样一来,住建局和民宗局的工作就难以展开,贫困户不愿意为了1万多元的补助冒险拆除房子。

扶贫资金跟着项目走、项目又由不同的部门进行管理,造成了各部门之间的扶贫工作通常各自为政、缺乏必要的沟通与合作,部门、地区之间在扶贫中的分工和配合机制没有有效形成。在滇西陇川县的调研中笔者就发现存在扶贫部门多、项目多、各自为政的情况，还发现各扶贫参与部门由于工作针对对象不同，对贫困户认定标准也有所不同，"建档立卡贫困户"与"真贫困户"有不一致的地方。根据扶贫办的工作，建档立卡要针对那些"有脱贫能力""有脱贫愿望"的贫困户，那些没有脱贫能力的贫困人口，比如留守老人儿童、残疾人、五保户等应该由民政负责，属于政策兜底的范围。而对于对口帮扶的云南省烟草局而言，在各类项目中贫困户优先，这个贫困户无论是什么原因导致的，都可以优先享受，在项目推进中，又需要自己重新登记核查所谓"真贫困户"。由于认定标准不同，关于贫困户的核查工作重复进行，降低了效率。在这个过程中，一方面，扶贫资金被分散使用，很难再集中起来打造统一的村级扶贫项目，效益大打折扣，不能发挥规模优势，产生碎片化的治理效果；另一方面，扶贫资金被分散传递给贫困户之后，由于贫困户的贫困深度不同，少量分散化的资金也很难发挥脱贫致富的作用。

五 社会治理视角下多主体协同贫困治理的现实路径

边疆民族地区的反贫困不只是一个经济问题，更是一个社会治理问题，偏重于经济思维不足以解决反贫困中出现的效用问题、公平问题、目标与需求偏离问题以及可持续性问题等。社会治理视角可以有效地促进贫困对象充分地表达自己的想法、需求、利益乃至积极参与反贫困进程，可以有效地发动其他社会力量参与反贫困，与政府形成有分工、有合作的伙伴关系。

（一）贫困者主体性的形塑和建构

阿马蒂亚·森在《以自由看待发展》一书中指出，我们的生活质量并不是通过财富而是通过自由来衡量的①。从此意义上讲，精准扶贫不仅要关注个体的资产累积和财富增加，更要关注其人格的独立和自由，换言之，是一种主体性的形塑与建构。贫困者只有塑造了主体性，才可能有效抵御各种生活困境与社会风险，从本质上讲，主体性也是一种个体的生存权、自由权、社会权和发展权的彰显。本文尝试用赋权的理论来探寻贫困者主体性塑造的可能。赋权是社会工作的概念，主要强调个体通过自身或外部力量的协助而挖掘潜能、发挥主观能动性的过程。赋权分为自我赋权、个体赋权、团体赋权、组织赋权以及社区赋权和政治赋权等。

自我赋权指穷人在长期的稀缺与贫困状态下生存可能会变得麻木、消沉与颓废，并被"贫困"的话语和标签所淹没而成为客体，不再相信自我改变的能力。因此，反贫困的首要任务是协助贫困者建立自我改变的能力，即扶贫先扶志。个体赋权主要是通过克服个体自身的各种障碍使其发挥积极的社会功能。贫困者某一方面的（政治的、经济的、家庭的、身体的、教育的）能力和机遇相对处于劣势，其能力的发挥受此影响。个体赋权主要是通过各种途径和形式培育个体生存和发展方面的技能，努力帮其找回失去的社会权利，进而适应现代社会。团体赋权主要是通过团体成员的互助协作来提升各自的能力，发挥社会功能进而抵御社会风险。扶贫过程中应引导并协助贫困者建立自助和互助组织，发挥团体互助、包容、互惠和发展的功能，如留守妇女互助团体、搭伴养老团体、艾滋病人互助团体等。组织赋权主要是发挥社会组织在解决个体问题方面的功能和作用，例如农业合作社就是组织赋权的一种形式，这种合作形式将贫困者有效地整合到组织中，使其能合理定位并发挥作用。社区赋权和政治赋权主要指社区应致力于通过多种途径为其民众参

---

① 〔印〕阿马蒂亚·森：《以自由看待发展》，任赜、于真译，中国人民大学出版社，2002年，第53页。

与公共事务提供平台和机会。比如参与式扶贫，就是动员、吸纳和组织居民参与扶贫工作的设计和实施过程，依靠群众扶贫而不是精英扶贫。

（二）多主体协同参与贫困治理

社会治理强调主体的多元化，包括政府、社会组织、农村基层组织和农户都将成为新的治理主体。这些主体在贫困治理中发挥着不同的作用，通过彼此间的分工与协作、沟通与配合，结成贫困治理的多元主体，从而相互合作、协作反贫困，最终目标在于构建以政府为主体、以贫困者参与为己任、以府际合作为桥梁、社会组织及国际力量介入的中心协同的反贫困治理模式。政府、社会组织（农民专业合作社）、农村基层组织、农户多元参与的扶贫格局则更有利于激发社会扶贫活力，调动更多的社会资源投入下一步的扶贫工作中。

建构贫困治理的多主体，需要支持和发展社会组织。社会组织可以填补国家和市场治理结构所遗漏或无法达到的领域，联结公共权力和私人领域。社会组织培育中，除了发挥社会团体、基金会、民办非企业单位等社会组织的作用外，还需要进一步发挥社区互助合作组织的作用，最终实现贫困社区的自治。

多主体参与贫困治理中，应建立起多主体合作伙伴关系。政府在起主导作用的同时，要更好地促进其他主体发挥作用，建构起各主体的沟通渠道和参与平台，建构良好的各主体利益表达机制、信息反馈机制及资源互通机制。同时，在这一过程中，尤其需要重视作为主体的贫困人口的参与，应借助参与性制度安排。扶贫过程中出现的"干部干，群众看"、"你们的猪死了"之类的问题，最关键的原因是贫困人口没有参与到扶贫项目中，没有把脱贫看作改善自己生活的方式。在扶贫项目的设计、论证、实施阶段，需要贫困人口的参与，需要了解社区文化、民族特征。少数民族地区的群众在长期的生产生活实践中形成了诸多宝贵的地方性知识,包括生产技术、社会组织形式、文化传统等。这些地方性知识是我们认识和理解当地特点的捷径,同时也是可以创造性地应用于贫困治理的资源。

参考文献

缪尔达尔:《世界贫困的挑战——世界反贫困大纲》,北京经济学院出版社,1991。

〔印〕阿马蒂亚·森:《贫困与饥荒》,王宇、王文玉译,商务印书馆,2001。

〔印〕阿马蒂亚·森:《以自由看待发展》,任赜、于真译,中国人民大学出版社,2002。

〔美〕詹姆斯·C.斯科特:《国家的视角:那些试图改善人类状况的项目是如何失败的》,王晓毅译,社会科学文献出版社,2017。

〔美〕奥斯卡·刘易斯:《贫困文化:墨西哥五个家庭的一日生活》,邱延亮译,巨流图书公司,2004。

〔美〕塞德希尔·穆来纳森、埃尔德·莎菲尔:《稀缺:我们是如何陷入贫穷与忙碌的》,魏薇、龙志勇译,浙江人民出版社,2014。

王春光:《社会治理视角下的农村开发扶贫问题研究》,《中共福建省委党校学报》2015年第3期。

董晓波:《农村反贫困战略转向研究——从单一开发式扶贫向综合反贫困转变》,《社会保障研究》2010年第1期。

李佳:《中国连片特困地区反贫困研究进展》,《贵州社会科学》2013年第12期。

沈红:《穷人主体建构与社区性制度创新》,《社会学研究》2002年第1期。

吕方:《发展的想象力:迈向连片特困地区贫困治理的理论创新》,《中共四川省委省级机关党校学报》2012年第3期。

景天魁:《社会政策的效益底线和类型转变》,《探索》2014年第10期。

何绍辉:《贫困、权力与治理》,博士学位论文,华中科技大学,2011。

卫小将:《精准扶贫与主体性塑造:再认识与再反思》,《中国行政管理》2018

年第4期。

向德平、程玲:《连片开发模式与少数民族社区发展》,民族出版社,2013。

游俊、冷志明、丁建军:《中国连片特困区发展报告(2013)》,社会科学文献出版社,2013。

乡村旅游、精准扶贫、遗产保护语境下的乡村发展[*]
——以大理莤村为例

李陶红　刘晓艳[**]

摘　要："乡村旅游""精准扶贫""遗产保护"成为近年来探讨乡村保护与发展议题的关键词。本文选取大理市宾川县的莤村为个案，莤村的保护与发展，是"乡村旅游""精准扶贫""遗产保护"三重语境的共同发声。"乡村旅游""精准扶贫""遗产保护"是可以助力莤村发展的有效元素，但在具体的莤村实践中，出现以下两个问题。一是"乡村旅游""精准扶贫""遗产保护"的在地化问题，具体表现为地方对话语的领悟执行力，以及与地方环境对接的能力问题。二是三重语境有各自的权力发声主体，之间缺少沟通与协商，以致各自为政。三重语境问题勾勒出莤村新一轮的发展问题，促成民众的争议与热议。不同群体以不同形式的发声渠道，参与乡村发展的自觉实践，这是乡村权力洗牌、重组、重新确立的过程，也是由乡村发展问题带动的乡村能动参与过程。三重语境都是实现乡村内生发展的有效途径。

---

[*] 项目基金：本研究系中国博士后科学基金面上资助项目"西部地区博士后人才资助计划"（第63批）"明清以来滇盐开发与民族生态互动研究"阶段性研究成果，2018年云南省博士后研究资助项目"滇盐古道周边区域族际互动研究"阶段性研究成果，国家社会科学基金青年项目"滇盐古道周边区域经济共生与民族融合研究"（项目编号：17CMZ015）阶段性研究成果。

[**] 李陶红，人类学博士，云南民族大学民族学博士后，大理大学民族文化研究院助理研究员，研究方向为民族与区域文化研究；刘晓艳，大理大学民族文化研究院研究生，研究方向为民族文化。

关键词： 乡村旅游；精准扶贫；遗产保护；乡村发展

一 问题的提出

"乡村旅游""精准扶贫""遗产保护"成为近年来探讨乡村保护及发展议题的关键词。就单方面要素与乡村保护及发展议题来看，主流学术除基本确认"乡村旅游""精准扶贫""遗产保护"在乡村保护与发展过程中所起的重要作用外，亦会有不一样的声音。讨论较为成熟的是乡村旅游，"中国的乡村由于没有经历过工业化的积淀，在发展中会依然强化单纯经济的贡献，乡村旅游的开发难逃固定思维，在过度强调经济性的乡村旅游发展中，忽视了环境与文化的保护与传承，使得原本就在快速工业化、城市化中受损的乡村环境变得更加脆弱，甚至消失殆尽。"[①] 有研究将旅游作为旅游者文化入侵的过程，凡是开展旅游的地方，其旅游商业化就不可避免。旅游和商业化就像一对孪生兄弟相伴而生，就如 Greenwood 所指出的，当本地人为了获得报酬而表演传统仪式时，商业化就开始了[②]。旅游的商业化是政府官员、旅游者、商铺业主和当地居民在追逐自身最大利益的博弈下集体选择的结果。但近年来更多的学者则强调，不能把旅游的社会文化后果只看成负面的，也不能把目的地居民看成这种后果的单纯被动接受者[③]；旅游的社会文化后果是

[①] 尤海涛、马波、陈磊：《乡村旅游的本质回归：乡村性的认知与保护》，《中国人口·资源与环境》2012 年第 9 期，第 158 页。

[②] Greenwood, D. J., Smith, V. L., "Culture by the Pound: An Anthropological Perspective on Tourism as Cultural Commoditization: Hosts and Guests", *The Anthropology of Tourism*, 1989 (2): 171–185.

[③] Wood, R. E., "Tourism, Culture and the Sociology of Development," in M. Hitchcock, V. T. King and M. J. G. Parnwell (eds.), *Tourism in South-east Asia* (London: Routledge, 1993), pp. 48–70.

双重的,利弊并存,因此要从政策上去引导兴利除弊。

从"乡村旅游""精准扶贫""遗产保护"的组合来看,研究涉及"乡村旅游"与"遗产保护"结合的"遗产旅游"(Heritage Tourism),"乡村旅游"与"精准扶贫"结合的"旅游扶贫"。遗产旅游是 20 世纪 90 年代以来发展最为迅猛的休闲旅游方式,文化遗产和旅游的关系是一个复杂而又敏感的问题。研究认为文化遗产和旅游共生的现象早已不是新鲜的话题,保护遗产的动力和开发利用的欲望相互作用,共同促进了遗产保护发展。旅游作为文化遗产保护的一种选择,对于文化遗产保护的有效性是毋庸置疑的[1]。同时,当乡村旅游与地方遗产保护相遇,二者在具体的操作过程中,并非理想的互为助益的关系,当下注重经济收益的旅游对遗产保护来说是一把双刃剑,旅游发展虽然为遗产保护带来资金保障及其他益处,但弊端与危害也随之而来,其中对遗产价值的负面影响是较为明显的。有研究就指出旅游与遗产关系是复杂的,反映的是传统与现代的矛盾[2]。遗产与旅游结合,面临着至少四个要素的挑战:社区居民和游客对遗产的理解、现存遗产的营销、遗产地规划、遗产旅游与当地社区的相互依存性[3]。

国内外学者在旅游减贫效应这一问题上也产生了争议——旅游发展减缓了贫困、旅游发展加剧了贫困、旅游发展与贫困减缓无必然联系,以上三种观点同时存在。《中国 21 世纪议程》指出:乡村旅游是摆脱贫困陷阱、实现农村经济结构调整的重要途径[4]。而近年来"旅游扶

---

[1] 孙九霞:《旅游作为文化遗产的一种选择》,《旅游学刊》2010 年第 5 期,第 10~11 页。

[2] Wiendu Nuryanti, "Heritage and Postmodern Tourism", *Annals of Tourism Research*, 1996, 23 (2): 249-260.

[3] 朱桃杏、陆林:《近 10 年文化旅游研究进展——〈Tourism Management〉、〈Annals of Tourism Research〉和〈旅游学刊〉研究评述》,《旅游学刊》2005 年第 6 期,第 86 页。

[4] 李如友、郭鲁芳:《旅游减贫效应之辩——一个文献综述》,《旅游学刊》2017 年第 6 期,第 28~37 页。

贫"正是在默认"旅游发展减缓了贫困"的逻辑脉络下提出并践行的。精准扶贫的实施将扶贫目标从瞄准贫困地区（从区域精准到贫困县精准）向瞄准贫困人口（贫困村精准）转化，我国的精准扶贫经历了不同的内涵变化，增强了扶贫工作的精准化。旅游扶贫于2011年首次作为扶贫的方式之一被写入《中国农村扶贫开发纲要（2011—2020年）（中发〔2011〕10号）》文件，旅游扶贫成为国家扶贫开发10项重点工作之一。旅游扶贫对乡村的发展成效显著，2010年至2014年，全国通过发展乡村旅游带动了10%以上贫困人口脱贫，旅游脱贫人数达1000万人以上[①]。

从已有文献的相关研究来看，"乡村旅游""精准扶贫""遗产保护"三个关键词，不管是从单一要素来看还是从复合要素来看，其与乡村保护发展的关系，呈现的总是"好恶交织"与"纠结不清"的复杂性。同时，既有研究鲜见"乡村旅游""精准扶贫""遗产保护"三者共同诉诸同一乡村实践所形成的复杂性。因此，本文以莇村作为典型个案，来呈现三重语境的在地化过程与问题。

二 莇村概况

莇村位于云南省大理州宾川县大营镇，整个莇村行政村有8个自然村近7000人。莇村有着丰富的历史文化资源与民族文化资源。从历史文化资源来看，莇村有"国王故里""帝王之乡"之称，据考证，莇村是大理国国王杨干贞与赵善政的故里，在乡村间穿行，可常常看到"欢迎来到帝王之乡"等标语。莇村在历史上还是茶马古道的重要驿站，是物资从大理运至丽江等地的滇西大门。至今，莇村茶马古道线路，茶马

[①] 陈秋华、纪金雄：《乡村旅游精准扶贫实现路径研究》，《福建论坛》（人文社会科学版）2016年第5期，第197页。

乡村旅游、精准扶贫、遗产保护语境下的乡村发展

古道沿线的民居、水井、石板路、店铺仍可见。从民族文化资源来看,莃村是典型的白族聚居区,白族人口占总人口的90%以上,具有白族特色的节庆、服饰、习俗、信仰等在莃村都有呈现,民族性与地域性凸显。

"乡村旅游""精准扶贫""遗产保护"成为近年来探讨乡村保护与发展议题的关键词,"乡村旅游""精准扶贫""遗产保护"齐聚莃村,三者的理念与实践也与莃村的地方生活构成关联体。莃村是乡村旅游践行村落。莃村自身的历史文化资源与民族文化资源,先天具有可转化为旅游资源的禀赋,加之在以洱海为核心的旅游区域的联动效应下,当地制定通过乡村旅游实现乡村发展的目标①。整体而言,当下的莃村与周边区域相比,算得上经济条件比较好的村落,但与历史上茶马古道经济的发展相比,现在的莃村,不再作为交通的主干道甚至还受制于交通的发展②。同时,遗产保护运动也在莃村如火如荼地进行,当地村民响应积极,部分人凭借手艺,获得"文化遗产保护传承人"的称号,面对有限的名额,申报的村民之间形成竞争关系。"乡村旅游""精准扶贫""遗产保护"构成莃村近几年乡村保护与发展的关键词,与村民的生产生活融为一体,成为讨论莃村保护与发展无法绕开的议题。"乡村旅游""精准扶贫""遗产保护"作为外力因素内嵌到莃村的发展中,对莃村既有的相对稳定的社会构成带来震颤,震颤虽不是颠覆性的,但看似偶然的不经意的外力附加,使得原有相对静止的社会网络开始活跃起来。不同权力、不同利益主体也开始在村落赢得的发展机会中寻找资源,实现村落权力的洗牌与重新确立。

本调查选取莃村核心区域——莃头、莃中、邑尾,这三个自然村连

---

① 《莃村旅游规划》,莃村村委会提供。
② "莃村何以列入贫困村"的问题不是本文关注的问题,因此笔者放弃对此议题的展开,而直接针对莃村被列为贫困村的事实,来调查精准扶贫在莃村具体的实施过程。

成一片，是村落居民住宅、宗教庙宇、古建筑群、地方历史文化、民族文化分布的核心区域，荍村具体施行的"乡村旅游""精准扶贫""遗产保护"也主要在该区域开展。因此，该调查主要围绕核心区域展开，同时也会兼顾荍村其他自然村及荍村周边区域，形成比较与整体观照。本文调查采取人类学的田野调查法，通过参与观察与调查访谈，接触村落不同职业、不同地位、不同阶层等的群体。前期调查15天，在论文初稿形成之后，又回访3天，确认与补充资料信息，同时深化对结论的思考。

三 荍村保护与发展的三重语境

荍村的乡村保护与发展，是"乡村旅游""精准扶贫""遗产保护"三重语境的共同发声。以大理古城、环洱海为中心的旅游经济带动周边村落旅游意识的形成，通过乡村旅游实现地方发展成为自上而下与自下而上的集体意识。自上而下的精准扶贫给当地带来发展的契机，亦给古村落的保护带来困难；由村民发起的"遗产保护"热潮并未形成自下而上的发展势态。

（一）乡村旅游

大理是一个典型的依托旅游打开知名度与促进发展的区域，荍村距离大理旅游核心地带古城、洱海仅40公里路程，同时，距离佛教名山鸡足山20余公里，具有较好的区位优势。荍村有天然的旅游资源禀赋，当地的民族文化元素，展现在当地重要的仪式展演中，展现在当地民众每一天的日常生活里。当地有独具地方特色的节日——天子节，于每年农历正月十五前后举行，会期长达一个星期，是以荍村为核心区域和周边村落联动参与的村落交往节日。2015年由村民主办、政府协调与支持的"万人天子节"成为当地向外地推介旅游品牌的契机。

在当地的日常生活中，清晨弥散在村落里的敬香拜佛的味道、村民门上贴的黄色对联、带着吃食到本主庙的献祭等，都可以满足旅游者陌生感与好奇心的生成。在荷村，可以看到乡村旅游推进下产生的新变化：村落的标志性公共建筑得到全面整修，专门打造茶马古道旅游区域，重建碉楼，修复古道线路，对古道周边的古建筑群进行认定与保护，配备旅游区专用厕所，由专门清洁人员维护荷村的环境卫生，村落的基础设施建设水平整体得到提升。当地村容村貌也在"乡村旅游""精准扶贫""遗产保护"的倾斜中得到改善，如果不是从上而下的政策与资金的支持，仅靠荷村的村落实力，是不可能做出如此修缮与整改的。这体现出政府政策投入对村落发展起到的关键作用，保继刚等人就强调过政府在村落控制中的位置。在对旅游商业化的控制研究中，保继刚等指出"地方政府预见性的干预是历史村镇旅游商业化得到有效控制的决定性力量。在历史村镇旅游发展的利益相关者中，政府最有能力也最有动力对旅游商业化进行有效的控制"[①]。在另外的文章中，他们亦强调"在缺乏外来预见性的干预下，旅游商业化出现在历史城镇中不可避免，但通过政府的前瞻性措施能够控制旅游商业化"[②]。虽然当地所谓的旅游业还没有带来具体的收益，但为了乡村旅游发展而投注的乡村基础设施建设，对生活于其间的村民来说确实是有益的。当地无论是具有决策力的政府部门、基层村委会一级，还是民众，都有通过发展旅游来实现地方发展的愿景。

（二）精准扶贫

党的十八大以来，新一届中央领导高度重视扶贫开发工作，明确

[①] 保继刚、林敏慧：《历史村镇的旅游商业化控制研究》，《地理学报》2014年第2期。
[②] 保继刚、苏晓波：《历史城镇的旅游商业化研究》，《地理学报》2004年第3期，第427~436页。

"到 2020 年现行标准下农村贫困人口全部脱贫，贫困县全部摘帽，解决区域性整体贫困"的目标。于是，全国上下全面铺开实施精准扶贫、精准脱贫战略，迎来脱贫攻坚战的浪潮。耇村位列贫困村名单，扶贫成为当地紧锣密鼓开展的工作，从村委会层面到作为个体的家庭层面，扶贫成为所有工作之先，是工作的重中之重。因为扶贫工作的相继开展，当地的生计方式发生了显著变化。耇村围绕生产的生计变迁主要有三个阶段：一是传统农业社会里的水稻种植，二是大力提升云南烟草产业背景下的烤烟种植，三是在扶贫项目开发中的葡萄种植。项目实施"公司 + 农户"模式的葡萄种植，并成立农业合作社组织——天子合作社。因为葡萄的种植收益约为水稻种植收益的两倍，当地农民果断放弃水稻种植，改种葡萄，成了需要买米吃的农业人。甚至，当地农民也需要定期（大概一周一次）到集市购买蔬菜。

精准扶贫政策施行给当地生活带来的最显著的变化来自房屋。笔者进入耇村，直观感受就是当地成了典型的建筑工地，货车忙碌运送建材，村落中堆满了各类建筑材料，一阵风吹过，总是扬起好一阵尘土。据村支书介绍，耇村有 150 余户家庭被认定为贫困户，贫困户的认定走严格的标准程序，认定为贫困户的家庭有权享有建房补贴，补贴根据不同时段的政策有所调整，但总体而言，对家庭建房的需要来说，补贴无疑是笔巨款。因此，贫困户纷纷利用补贴建盖新房，于是就有了当地批量建房的情况，出现工匠难请、工价猛涨的情况，村民参加新房建盖仪式也较多。

（三）遗产保护

本着保护文化、发展地方的初衷，遗产保护在多年的努力中取得令人瞩目的成绩。在耇村的调查中发现，遗产观念已经深入人心，当地不管是个人还是组织，都纷纷参与到文化遗产的保护中来。耇村文化遗产保护协会是 2015 年由当地几位文化人倡议发起的地方性社会组织，共有会员 100 余人，共同致力于当地文化遗产的保护工作。协会成立至今，为当地的文化营建做出了重要贡献。在莉村文化品牌的宣传上，协会成员共同合作，出版《文化莉村》《南昭·大义宁国王故里——莉村》《大义宁国国王——杨干贞》等书籍，用地方语言、地方认知来诠释自己的文化，对地方文化进行提炼和总结。协会积极主办当地的天子节，尤其是在 2015 年成功举办"万人天子节"之后，赢得了媒体、旅游业界、学者的关注。在协会的日常活动中，他们也在尽力动员村落力量加入村落的文化遗产保护中。如协会提议在莉村建立剪纸艺术博物馆，这一想法得到村民的广泛支持，村民自愿且无偿捐献自己的剪纸作品，体现出村民参与遗产保护的积极性。莉村文化遗产保护协会对当地文化保护、重建与发展起到引领作用。协会作为熟悉莉村文化、能够提炼莉村文化的载体，既能从大处构想，给出莉村旅游规划中建设"帝乡文化""国王故里文化"的思路，也能从小处着眼，完全抽出时间向愿意了解莉村文化的外地人进行讲解。

　　除了以社会组织形式对莉村遗产进行保护，作为个体的民众也纷纷投入文化遗产事业中。杨文泽老先生腾出自己的住房，尽力收集莉村传统农业时期的木器，摆满整个二楼约 90 平方米的空间。有些已经收集不到的木器，他就请教他人，努力根据儿时的记忆复原。他建设的私人博物馆，为当地人与外地人提供了莉村文化当下与过去的串联，延展了村落的历史记忆。莉村剪纸艺术传承人 80 余岁的张奶奶，笔者去找她访谈时，她不管手头在做什么活准会放下，然后与笔者一起畅聊剪纸，一边剪一边向笔者解释。从她的言语与行动中可以看出，她已然将剪纸作为生命的一部分。如今她因为剪纸获得了"非遗传承人"的称号，更加激发了她对剪纸的热爱，只要有人愿意学，她就愿意教，只要有人欣赏她的剪纸，她就会慷慨以剪纸相送。

四 三重语境的在地化与权力发声

"乡村旅游""精准扶贫""遗产保护"是葫村发展的有效元素,但在具体的实践中,出现以下问题。一是"乡村旅游""精准扶贫""遗产保护"的在地化问题,具体表现为地方对话语的领悟执行力,并与地方村落环境对接的能力问题。二是三重语境有各自的权力发声主体,之间缺少沟通与协商,各自为政造成三重语境的互相脱嵌问题。

(一)三重语境的在地化问题

"乡村旅游""精准扶贫""遗产保护"的在地化过程,成为地方社会发展的有力助推器。葫村因"天时地利"——"乡村旅游""精准扶贫""遗产保护"共同向当地投入了政策、资金、项目——取得了一定成效。在地经营从综合的因素如经济收益、周全家庭来看,要强于外出务工,所以当地外出务工现象不普遍,且当地务工人员多选择在周边区域从事几个月到半年的短期打工,一到种植葡萄的季节,再返回村里从事葡萄种植,因为在土地上可以获得可观的收益。比起全国上下日渐衰落的乡村,葫村成为可以留得住人的乡村代表。因此当地呈现典型的内生型村落形态。

在肯定成效的同时,葫村也暴露出"乡村旅游""精准扶贫""遗产保护"在地化的一些问题,具体表现为地方对话语的领悟执行力,并与地方村落环境对接的能力问题。原本作为美好理想与善意表达的"乡村旅游""精准扶贫""遗产保护"不免在现实的游走中遭遇碰撞。

就"乡村旅游"而言,葫村的"乡村旅游"仅是一种浅尝辄止式的尝试。乡村旅游给村落形态带来的较大变化是基础设施的建设,作为乡村文化形态代表的庙宇空间、茶马古道遗迹都在旅游的发展中得到大

乡村旅游、精准扶贫、遗产保护语境下的乡村发展

力修复与重建。需要提及的是，莜村的乡村旅游与全国乡村旅游的步调一致，即用乡村旅游指标体系来衡量当地的乡村旅游发展程度。如当地四个公共卫生间的建设，就是为了满足旅游指标体系。从投入使用的情况看，其中两个卫生间常年关闭，一个开放的卫生间因建于村委会附近成为村委会的专厕，另一个开放的卫生间位于村里的集市附近，算得上真正的公厕，但显然当地人对公厕的认识不到位，冲水设备被损毁。当地为达到乡村旅游指标而专门配置的公厕，显然没有发挥功效，以致外地人入村如厕成了大问题。因此，乡村旅游暴露出来的问题，同公厕在建设使用中暴露出来的问题一样，就是徒有形式的呈现。

就"精准扶贫"板块而言。"精准扶贫"是莜村近年来的工作重心，精准扶贫关乎每个个体的切身利益，从村委会至每一位普通的村民，都投身于扶贫攻坚的战役。以致笔者在调查期间，一谈及扶贫，调查对象总会眼前一亮，比起问及乡村礼俗、信仰，他们显然对扶贫更有兴趣。不同利益群体对扶贫有不同解释，村支书向笔者强调评选扶贫对象是如何做好公开公平民主的；确定为扶贫对象的村民会向笔者解释政策多么好但在政策监管下的建房工作有些不畅；没有被确定为扶贫对象的村民向笔者评论哪家该得哪家没有得，明明哪家不该得却得到了扶持，还有一些调查对象直接将笔者误以为政府工作人员，是专门负责当地扶贫工作的，因此会忙不迭地拿出可以证明家庭贫困的材料。笔者在调查中，也知道自己的能力有限，也努力声明自己的身份，但他们还是执着地向笔者诉说遭遇与不公。综合以上在笔者调查中频频出现的情况可知，当地对精准扶贫形成热议，精准扶贫对每一个家庭来说，都算是香饽饽，在争取到扶贫户资格的过程中，存在各种村落间不明就里的竞争关系，当地村民对于什么是贫困，他们心里总有一杆秤，这杆秤正好与实际评选出来的贫困户有些偏差，而这正好是村民用道德评估村落个体与贫困测评的机械认定之间偏误的结果。

精准扶贫成为激化村落矛盾的触发点。随着精准扶贫的推进，村落间的矛盾与竞争比其他任何时候都更加凸显与强化。精准扶贫的矛盾产生于当地民众与村委会之间。村委会用长篇大论向笔者解释贫困户确定过程中的公平公开公正民主原则，具体到每个环节的小心翼翼、在村落告示栏张榜公布等细节，村干部对此刻意强调，并在叙述环节穿插介绍扶贫工作的棘手、一些村民不理解他们的工作等内容，其目的在于向笔者传递这样的信息——他们的工作是没有问题的，是经得住质疑的。而在一些敢于说话的民众那里，村委会是不被信任的，哪怕没有十足的证据，他们也会想当然地认为村委会中饱私囊，因为明明国家的政策宣传如此好，下达到地方却是大打折扣；认为村委会在确定贫困对象的过程中，一定也有人情交易，不然一个整天坐在麻将桌前好吃懒做的人怎么配列入扶贫对象。在荗村，虽然没有发生过重大的村委会与村民之间的直接冲突，但根据访谈，一些村民对村委会是怀疑的、不信任的。

精准扶贫中的竞争主要来自民众与民众之间。面对扶贫中有限的扶贫指标，民众间存在激烈的竞争关系，民众不会因为扶贫指标落于自家而存在勉为其难的想法，不会因为贫困的帽子扣到自己身上而顿觉难堪，相反，民众期待被认定为贫困户。贫困户的认定，意味着背后有丰厚的资金帮扶，这犹如天降的馅饼。根据中办发〔2013〕25号文件，精准扶贫是指通过对贫困户和贫困村精准识别、精准帮扶、精准管理和精准考核，引导各类扶贫资源优化配置，实现扶贫到村到户，逐渐建构扶贫工作长效机制，为科学扶贫奠定坚实基础。精准扶贫是针对不同贫困区域环境、不同贫困农户状况，运用合规有效程序对扶贫对象实施精确识别、精确帮扶、精确管理的治贫方式。村民因既有观念与政策宣传脱节而对精准扶贫缺乏理解，认为精准扶贫就是精准救济，还将救济简单化约为金钱救济。因为直接的金钱救济很容易引发村民与村民间、村民与村干部间的矛盾，所以在有些地方，扶贫资金被一些村干部看作烫手山芋，不争取扶贫资金和项目有时候变成了"管理智慧"①。有研究就指出"如果将扶贫资源视为不劳而获的福利，则既可能助长'等、靠、要'的传统观念，产生高福利养懒的变异行为，又有可能发生权力寻租、资金滥用等腐败现象"②。

在荇村，面对扶贫指标，全村而动，努力将自身情况往扶贫指标方面靠。另外的扶贫村落，一户人家为了争得贫困户指标，立马卖了家里的面包车，因为有私家车的不列入贫困户考虑范围，经过良苦用心，该户成功争取到贫困户资格。在荇村，有因未能争取到贫困户资格而对争取到贫困户资格的耿耿于怀的，即使那些在村落里家境比较好的人家也不免牢骚两句："扶贫扶贫，应该要好好帮帮我们这些想要发展但条件不成熟的，多给我们开开路，而不是扶那些整天不求上进、坐享其成的人。"

就"遗产保护"板块而言，2015年，荇村一群热衷地方文化且有行动力的当地人，自发成立荇村文化遗产保护协会，从此，这一民间组织聚集了荇村相关的有识之士，开启了当地文化遗产保护的路子。具体的成效在前文有所表述，在此从略。协会成立之初，成员多、人心齐、经费充裕。协会成立初期，村民参与度高，作为会长的董泽清从村委会干部的职位上退下来，他富有组织能力与领导能力，积极利用在原有工作中积累的人脉关系，为协会争取资金，赢得发展空间。他一上任就积极向镇、县一级领导反映，表达协会工作设想，积极向上面争取资金。这些资金对之后协会相关遗产保护工作起到了很大作用，如剪纸艺术博物馆的建成、负责组织2015年"万人天子节"等活动，为当地的遗产保护留下了浓墨重彩的一笔。但当下的遗产保护协会，面临徒有满心热

---

① 葛志军、邢成举：《精准扶贫：内涵、实践困境及其原因阐释——基于宁夏银川两个村庄的调查》，《贵州社会科学》2015年第5期，第159页。

② 石忆邵：《完善精准扶贫的体制机制》，《文汇报》2014年10月17日。

情但没有资金运作的尴尬局面。协会能从上面争取资金，主要是因为合上面领导对文化的口味，即领导对文化是否重视。董泽清告诉笔者："之前的镇长很喜欢文化，当时协会的资金就是他负责批的，但现在换了领导，似乎对文化不感兴趣，和他争取资金也就无门了。"协会的发展与存续，除了一群愿意为村落文化遗产保护奔走效劳的人们着实不够，协会的发展，又取决于政府愿不愿意认可、愿不愿意给帮助的现实。一些协会成员面临有想法却无门路的局面，索性退会，协会发展的自主性在资金匮乏又得不到保障的时候，也就难免流于形式。

（二）三重语境的权力发声

村委会、文化遗产保护协会、一般民众是地方权力的三个发声主体，不同发声主体在认可"乡村旅游""精准扶贫""遗产保护"为地方发展做出贡献的前提下，亦有不同的权力表达。

"上边政策是好的，但是一到下边……"这样的声音，是当地人比较常规化的语言表达，这不禁引发了笔者的思考，即使村委会一级劳心劳力，但为什么他们的工作没有很好地得到民众的认可，这涉及村委会处理村落事务的能力问题。从整体的村委会重要领导班子成员来看，据全国相关数据统计，村支书和村委会主任普遍学历层次有限，且多在村落内部成员中产生，他们的工作能力基于既有村委会的工作经验，虽然对村落比较熟悉，但也容易对村落存在认识的固化。他们处理村落事务要么基于前辈文化，继续延续老一届领导的工作，形成不同个体机械重复同样工作的情况；要么基于上头文件与政策按部就班、照章执行，缺少具体政策落地之后的在地化思考，这样处理事务不会出错，但村落难有因地制宜的发展。在全国上下的精准扶贫项目中，有针对村委会一级领导能力弱的问题，专门为贫困村从外地配备第一书记的举措，为现有村委会领导力提供保障。外来书记的新理念新思路与地方领导对村情的

乡村旅游、精准扶贫、遗产保护语境下的乡村发展

具体把握相结合，容易激发产生扶贫的新举措。除了第一书记坐镇，贫困村也会安排工作队与驻村干部，这一工作部署无疑助推了村委会工作能力的提高。但随着扶贫攻坚任务的收尾、外来驻村干部的撤离，乡村发展的延续问题可能又会暴露出来。

三重语境的不同权力发声，有难以调和且互为抵牾的情况。三重话语自说自话，三者没有形成统一的联合体，产生不同权力主体彼此脱嵌的问题。

当地并未将乡村旅游与精准扶贫恰当结合。当精准扶贫的文件下达荷村之后，一切的工作重心为"精准扶贫"，因此在地方看来，工作的"专一"也可以是"精准"二字的同义词。由上层下达的作为攻坚战的精准扶贫，意味着没有退路，必须迎难而上，且结果必须是没有水分地实现脱贫的任务。精准扶贫因时间紧、任务重，成为村委会一级的最大工作抓手也情有可原。在村委会院落里的展板区、各个办公室的墙壁上，展现的是精准扶贫的相关成果与任务表；在村落的公共空间，粘贴的公告也多与精准扶贫有关。在精准扶贫任务被凸显的情况下，"乡村旅游""遗产保护"工作就只能让位于"精准扶贫"。而精准扶贫在具体操作过程中，忽略了荷村的独特性及"乡村旅游""遗产保护"前期取得的成果。

精准扶贫项目里的"建房子"一项，显然浪费了"乡村旅游""遗产保护"前期工作的良苦用心。上层下达的有关精准扶贫文件中，明确了扶贫项目中的房子形制，为清一色的钢筋混凝土结构，验收的标准项也具体到房屋的细节。在列贫困户所居住的原有房屋为土木结构，不是所有的房屋都需要推倒重建，从经济价值的角度来看，进行适当修缮就可以延长房屋的使用寿命。而精准扶贫的具体操作，需要贫困户将原有房屋全部推倒，原有材料废弃不用，全部选用统一配置的建筑材料，由统一安排的工程队负责施工，再由统一的验收队进行工程的验收。拆除

房屋、建盖房屋、验收房屋，都由精准扶贫工作队来包办，以保证可以顺利通过文件规定的脱贫衡量指标。这体现出精准扶贫并未很好地起到靶向治疗的作用，有相关研究亦发现精准扶贫的政策不够灵活。这一方面说明，精准扶贫对扶贫资金和项目的使用有严格的规定，政策的严肃性为众人所体会；另一方面也说明，精准扶贫的相关政策灵活性不足且还有政策"一刀切"的嫌疑。

精准扶贫明确要求，要针对贫困户的具体情况制定扶持对策，但在地方执行和落实的时候，受种种因素的制约，他们只能开出一致的"扶贫药方"①。其实，这样形式的精准扶贫"背后有一种权力的隐喻，这种隐喻显示出中央扶贫部门对地方扶贫部门权力的控制与监督"②。同时精准扶贫背后的权力隐喻也包括代表国家的扶贫部门、扶贫干部对扶贫对象村民的监督与管理，村民在精准扶贫中的话语与行动常常由村委会一级代言。精准扶贫政策在保持严谨性与原则性的同时，让地方的精准扶贫缺乏灵活处理的空间，未能实现资源的优化配置。这样一来，精准扶贫工作貌似照章完成了，却给村落的"乡村旅游"与"遗产保护"远景蓝图带来了破坏：在精准扶贫的房屋建设项目推进过程中，村落的建筑景观发生了显著变化，传统土木结构的民居越来越少，被钢筋混凝土的洋房所取代。

传统村落的去与留。对待传统村落的两种不同态度，反映了人们与现代性的两种不同的关系。一方面，进步主义的文化价值崇尚现代化、进步和脱贫致富。另一方面，浪漫主义文化价值则源于"寻根"情怀——不论我们今天身在何处，我们都要知道我们从何而来——而传统

---

① 葛志军、邢成举：《精准扶贫：内涵、实践困境及其原因阐释——基于宁夏银川两个村庄的调查》，《贵州社会科学》2015年第5期，第163页。

② 葛志军、邢成举：《精准扶贫：内涵、实践困境及其原因阐释——基于宁夏银川两个村庄的调查》，《贵州社会科学》2015年第5期，第162页。

村落建筑则是一种可以感触到的文化之根。受到城市建筑现代化的影响，村民渴望参与现代化的进程，而最直接的参与方式，就是建一栋现代化的新房。村民在民居建筑上的这种心态，可以称为"居住现代化渴求"。由于民居建筑现代化代表了生活方式登上了一个历史性的新台阶，这种心态也可以称为"进步主义"。而那些试图带领村民致富的农村基层干部，也往往更愿意采取进步主义立场来对待传统村落[①]。孙九霞教授专门论及旅游地的去地方化问题，"去地方化则是指外来的、标准化的产品破坏、取代了本地的、地方化的产品或意识，从而失去地方性的过程和结果"[②]，其所谈及的去地方化是旅游过度商业化带来的。游客对舒适、享受型住宿条件的追求及文化差异体验，外来经营者为迎合市场而对族群文化进行改造以及大量游客和经营者带来的过度商业化推动了去地方化进程[③]。在秸村，显然当地还未走上旅游商业化的路子，其地方性就已经被精准扶贫无心破坏了。

五 结语：乡村权力与村落共同体

"乡村旅游""精准扶贫""遗产保护"三重语境在秸村的在地化过程，就是秸村村落共同体如何理解、如何践行与如何再造的问题。在地化变成一个着实复杂的议题，大致看来，三重语境在地化脉络的主线即村落共同体的表现形态，具体为既竞争又合作的关系。在三重语境诉诸下的乡村保护与发展，我们具体要看乡村内部脚踏实地的个人如何理解

---

① 孙九霞等：《中国旅游发展笔谈——传统村落的保护与利用（二）》，《旅游学刊》2017年第2期，第2页。

② 孙九霞：《旅游商业化与纳西族民居的"去地方化"——以丽江新华社区为例》，《社会科学家》2015年第11期，第8页。

③ 孙九霞：《旅游商业化与纳西族民居的"去地方化"——以丽江新华社区为例》，《社会科学家》2015年第11期，第7~13页。

与行动。

第一个层面,"乡村旅游""精准扶贫""遗产保护"的在地化,村落变成多声道的发声器,不同主体发出自己的利益诉求,村落权力也在这一过程中洗牌、重组、重新确立。在葫村,不同语境发声代表不同社会资本的获得,联合国开发计划署(UNDP)指出要实现永续发展,应该"通过社会资本的有效组织,拓展人类的选择机会和能力,以期尽可能平等地满足当代人的需要"。① 就葫村的实际情况而言,当地不同社会资本之间并非零和博弈,承载不同社会资本的主体之间既有竞争又有合作,因此,实际的乡村发展实践,是既竞争又合作的社会资本的有效运作。由各个行动者所组成的社会关系网络,从来就不是靠其中的任何一个行动者单独决定的。拥有越多资源者越有可能居于权力中心,因此会出现重要行为者与不重要行为者。以村委会一级为主体的村落霸权主导了村落话语,其他主体话语与之相比则显得微弱。

第二个层面,村落内部虽有不同的权力发声,但村落内的个体有统一的合力,葫村新一轮的发展契机与问题,促成普通民众的争议与热议,不同群体以不同的发声渠道,参与到村落发展的自觉实践中,形成由村落发展问题带动的村落能动参与过程,三重语境都是实现村落内生发展的有效途径。内生式发展,又称"由下而上的发展"(bottom up development)或"自我发展"(self-development)。内生式发展理论(endogenous development)是一种"自我导向"(self-oriented)的发展模式②。内生式发展意味着一个本地社会动员(local social mobilisation)的过程,它需要一个能够将各种利益团体集合起来的组织结构,去追求

---

① J. Dales, *New Directions for Sustainable Development*, UNDP, 1998.
② 张环宇、周永广等:《基于行动者网络理论的乡村旅游内生式发展的实证研究——以浙江浦江仙华山村为例》,《旅游学刊》2008年第2期,第65页。

乡村旅游、精准扶贫、遗产保护语境下的乡村发展

符合本地意愿的战略规划过程以及资源分配机制,其最终目的是发展本地在技能和资格方面的能力[1]。村落的保护与发展,不仅是政府注入资源、激发民间充分参与的过程,也是农民的主体意识和村庄社区共同体观念成长的过程,有着"看不见的"社会文化的重构[2]。各行动主体共同面对的问题是如何保护与开发秞村的问题,因此,村落内部主体目标一致,不同语境也就有了沟通协商的空间,形成村落共同体。

在此借用乡村永续发展的理论,来探讨秞村如何发展的问题。乡村永续发展的理论认为,作为一个系统理解的乡村,具有内部各要素及内外要素的互补性与依赖性,一个部分的变化会导致其他部分的反应。系统为了维持稳定性有重复的、持久的一面,同时又是更新与反衰退的,呈现一种动态的均衡(dynamic homeostasis)。系统具有整合与协调(integration and coordination)的特质,以促使系统内达到一致性。乡村作为封闭共同体的观念已然过时,中国乡村的发展,除了以内生力为动力的发展外,还受到地区、国家,甚至国际不同层级系统的影响,从过去以初级生产为主、自给自足、自我维持独立与自治的局面变成整合社区的一部分或文明的复合体,乡村越发呈现多元化、异质性与现代性、城镇化倾向。村落的发展,越来越受到外力的干预,如本文所论述的"乡村旅游""精准扶贫""遗产保护"全是作为外来力诉诸村落发展中的。那么在外力诉诸和执行之前,不仅要学习了解乡村系统内的复杂事务,亦要探究及试图去了解整个乡村系统与环境的关系,唯有如此,才能使

---

[1] Van der Pleog J. D., Saccomandi V., "On the impact of endogenous development in agriculture," in Van der Pleog J D, van Dijk G (eds.). "Beyond Modernization: The Impact of Endogenous Rural Development", *The Impact of Endogenous Rural Development* (Assen: Van Gorcum, 1995), pp. 10 – 27.

[2] 张环宇、周永广等:《基于行动者网络理论的乡村旅游内生式发展的实证研究——以浙江浦江仙华山村为例》,《旅游学刊》2008年第2期,第71页。

乡村地区朝着永续发展的方向前进[①]。从乡村永续发展的开放系统理论出发，乡村被看作一个开放的系统，乡村对自身系统及周边系统有整合与协调的能力，强调乡村社会系统如何与外部（都市）社会系统建立一种相互连接的关系[②]。城乡之间是互为依赖的关系。因此，乡村的发展首先要回答什么是"乡村的发展"问题。在乡村永续发展理论的指导下，乡村的发展就不会狭隘化为经济的增长，也不会简化为与现代化、都市化的无缝对接。

[①] 郑健雄：《永续乡村发展的整体规划概念——系统理论的观点》，《乡村旅游研究》2012年第2期，第17~34页。

[②] 郑健雄：《永续乡村发展的整体规划概念——系统理论的观点》，《乡村旅游研究》2012年第2期，第31页。

文书语言研究

丝绸之路上传播的佛经"雁衔龟"故事语言特点研究

——以我国清朝时期西域察合台文献为例

加依娜古丽·巴合提别克[*]

摘　要：本文主要针对18世纪初通过丝绸之路传播于中亚的一部察合台文文献《卡里莱和笛木乃》中的佛教"雁衔龟"故事进行语言特点上的分析。该文献现保存在中国社会科学院民族学与人类学研究所，文献于1717年（康熙五十六年）由我国喀什人的磨拉·穆合买提·铁木尔从波斯文翻译成当时的察合台文。该作品通过丝绸之路传播到中亚乃至欧洲，现发现该文献有三种察合台文版本，一本在中国社会科学院民研所图书馆，一本在乌兹别克斯坦社会科学院，一本在荷兰莱顿大学图书馆。该文献对我国新疆少数民族及中亚丝绸之路沿线国家语言和文学产生了深刻的影响，很有研究价值。

关键词：察合台文；佛教故事；雁衔龟；丝绸之路

---

[*] 加依娜古丽·巴合提别克，中国社会科学院民族学与人类学研究所博士后，主要研究方向为回鹘文佛教词汇、察合台文文献。

一 文献基本情况

由于毗邻关系和丝绸之路上的来往，历史上，沿着丝绸之路进行的世界性文化交往中对新疆少数民族影响最强而且持续时间最长的外国文化之一是古印度文化，这表现在民间文学、绘画、雕像、音乐、哲学等方面。

古印度的民间文学是很发达的，尤其是宣扬佛教信条的寓言童话创作非常繁荣。随着佛教的对外传播，它们的民间故事也广泛流传，并起到丰富世界各民族文化宝库的作用。本文所说的佛经"雁衔龟"故事指的是印度《五卷书》中穿插的一篇小故事。古代印度有一部非常著名的寓言和童话集，叫《五卷书》（Panca tantra），原文是梵文。据研究，在印度，这部书有很多不同的版本，内容也不完全一样，最古老的一个版本写成的年代是4～6世纪。6世纪中叶，一个叫白尔才外的医生奉当时的波斯王呼思罗·艾奴·舍尔旺（Chosrau Anoschrwan）之命，把梵文原著翻译成中世纪波斯帕荷里维文（Pehlevi）。公元570年，帕荷里维文的版本被译成古代叙利亚文，据说译者是一名叫布达的教士，书名为《卡里来和笛木乃》①。又过了大约180年，到了750年前后，从帕荷里维文产生了一个阿拉伯文版本，取名为《卡里莱和笛木乃》，译者是波斯籍阿拉伯散文大师伊本·阿里·穆加发（Abdullah Ibnü'l‑Mukaffa）。该书以动物故事阐述治国处世之道，并以首章《狮子和公牛》中两只胡狼的名字卡里莱和笛木乃为书名。据说"梵文原著中两只胡狼的名字分别叫迦罗吒迦和达摩那迦"。波斯人在翻译时保留了尾

---

① 余玉萍：《〈卡里来和笛木乃〉的成书始末》，《阿拉伯世界》2003年第1期，第30页。卡里来与卡里莱为不同中文译法，为便于行文，本文采用较为常见的"卡里莱"。

丝绸之路上传播的佛经"雁衔龟"故事语言特点研究

音"迦",古叙利亚文译本也保留了此尾音。阿拉伯人翻译此书时,则按自己的语言习惯做了改动,去掉尾音"迦"①。于是《卡里莱和笛木乃》最终定稿就是通过这个伊本·阿里·穆加发的翻译与再创作得以走向世界。《卡里莱和笛木乃》与《五卷书》的密切联系即由此而来。8世纪中叶以后,《卡里莱和笛木乃》的上述帕荷里维文母本及古叙利亚文译本相继失传,连《五卷书》的原本也佚失了,只有阿拉伯文版的《卡里莱和笛木乃》得以保存,后来的1000多年里,该书被译成欧、亚、非的几十种文字,其源头都可追溯到伊本·阿里·穆加发的阿拉伯文版本。据阿拉伯译本直接译出的比较古老的版本见下方表格②。

版本	年代	内容及特点
古叙利亚文第二译本	约公元8~10世纪	内容不详
希腊文译本	约1080年	后又被译为拉丁文
波斯文新译本	约1120年	又被称为"安瓦尔·苏海里译本"
希伯来文译本	12世纪初	被一位叫罗比·哲尔的犹太人译为希伯来文,后被犹太教徒卡普瓦转译为拉丁文,由此又被译为多种欧洲现代文字
希伯来文译本	1227年	雅各布·本·阿齐尔(《西夫尔·希沙里穆》的编者)的希伯来文译本,近乎全译本
古西班牙文译本	1251年	由此又衍生出另一个拉丁文译本"雷蒙德译本"
拉丁文诗译本	13世纪	名为《勇敢的伊索普斯》,诗体文译本
英文译本	1819年	神父温德汉姆·纳什布勒翻译
俄文新译本	1889年	译者为米哈伊尔·阿塔亚

1964年,我国也有了季羡林先生从梵文直译过来的汉文版的《五卷书》,后来1987年林兴华先生也出版了一本由阿拉伯文翻译的《卡里

---

① 余玉萍:《〈卡里来和笛木乃〉的成书始末》,《阿拉伯世界》2003年第1期,第30页。

② 宗笑飞:《〈卡里来和笛木乃〉及其西渐》,《世界文学》2016年第3期,第78页。

来和笛木乃》。据有关学者统计，从公元6世纪至20世纪20年代《五卷书》被译成15种印度语言、15种亚洲语言、2种非洲语言、22种欧洲语言等，共有200余种[①]。

有幸的是20世纪初在我国吐鲁番盆地，德国第二、第三次吐鲁番考察队发现《五卷书》的回鹘文版本。现知的回鹘文《五卷书》写本留存残片9件，其中8件藏于柏林德国国家图书馆，有1件藏在柏林印度艺术博物馆。据相关人员研究，吐鲁番出土的回鹘文《五卷书》写卷并非印度底本的直译，而应为回鹘人的改编本。遗憾的是，这一重要文献尽管发表有年，但一直未引起我国学术界，尤其是回鹘民间文学研究界应有的注意，因此没有一篇关于此文献的研究成果。

在中国社会科学院民族学与人类学研究所（以下简称"民研所"）的图书馆收藏有一部《卡里莱和笛木乃》的察合台文版本。笔者认真查阅后确定，该本是1717年（康熙五十六年）由我国喀什人的磨拉·穆合买提·铁木尔从波斯文翻译成的当时中亚通用的书面语察合台文版本，从语言学上看与现代维吾尔语有着很大的差别。通过研究得知，该版本除了民研所保存的一本外还有两本在国外，一本在荷兰莱顿大学图书馆，编号为P6269（下文称荷兰版本），另一本在乌兹别克斯坦科学院阿布·热依汗·布罗尼东方研究所古籍办公室，编号为P11307（下文称乌兹别克斯坦版本）。关于乌兹别克斯坦版本，有一位名叫法依扎·什曼（Feyzi ÇIMEN）的土耳其学者写了一篇博士学位论文，论文主要是对该版本进行拉丁文转写、翻译，做了词汇表并与荷兰版本进行了比较。他认为乌兹别克斯坦版本和荷兰版本有很多不同之处。①两个版本的语言表达方式不同，同一个概念用不同的语法形式表达。②荷兰版本中有许多诗未出现在乌兹别克斯坦版本中。③两个版本虽然开头和

[①] 《五卷书》，季羡林译，人民文学出版社，1981，序。

结尾一样，但叙述的故事并不平行。荷兰版本一个故事没讲完就开始讲另一个故事，这意味着抄写者并不认真，抄写过程中漏掉了页和行。④荷兰版本中出现了很多错误，如，抄写时漏词、漏行、漏标点符号等，但语言上方言特点明显，使用很多古老的词汇和谚语，比乌兹别克斯坦版本更具有研究价值。⑤乌兹别克斯坦版本语言上语音和谐规则比较严格 ⑥乌兹别克斯坦版本领属格和宾格附加成分有一种特殊的用法。⑦虽然这两格版本都是由波斯文翻译的，但文本中并没有出现波斯语诗歌或表达方式①。

笔者与这位土耳其学者取得联系拿到了他的转写版本即他的博士学位论文。通过与手中的察合台文版本进行比较，笔者确定民研所版本与乌兹别克斯坦版本在语言上有特别大的区别，认为乌兹别克斯坦版本肯定不是1717年的磨拉·穆合买提·铁木尔翻译的原本，而是将的磨拉·穆合买提·铁木尔翻译的原本再译成当时的乌兹别克文后的抄写本。抄写时间不是18世纪初，而是19世纪初，确切地说，语言特点更接近于近代乌兹别克语。

民研所保存的版本总共有571页，每一页19行。书的封面以及前5页和最后面一页残缺，书中间的132页和133页也没有，其他部分完整，书中总共讲述102篇故事，字迹特别清楚，非常整齐。

通过初步比较，笔者认为乌兹别克斯坦版本和民研所版本有如下几个明显的区别。①民研所版本有571页，每页19行，乌兹别克斯坦版本有371页，每页15行，后者比前者少200页。②乌兹别克斯坦版本中用红色笔墨加了阿拉伯文的圣训，民研所版本中则没有。③乌兹别克

---

① Feyzi ÇIMEN, MOLLA MUHAMMED TIMUR'UN ÂSÂRU'L - IMÂMIYYE ADLI ESERI - METIN, NOTLAR, DIZIN - SÖZLÜK İSTANBUL ÜNİVERSİTESİ, DOKTORA TEZi, 2015, 25页.

斯坦版本中的诗歌没有保持阿拉伯－波斯诗歌韵律规则，民研所版本则保持了严格的波斯诗歌韵律规则。④语言表达方式和语法形式上也有很大的差异，乌兹别克斯坦版本用通俗的语言翻译，语言特点接近现代乌兹别克语。民研所版本中存在一些具有波斯语语法特征的句子。⑤词汇上有差别，如，"雁衔龟"故事中的动物名称，在乌兹别克斯坦版本中用 ördek（野鸭）、faqačanaq（乌龟）等词汇，民研所版本则用 tašbqa（蛤蟆）和 ba（雁）等词汇。根据这些特征，可以确定两个版本不是一个人的作品。也许土耳其学者根据书开头的磨拉·穆合买提·铁木尔写的前言认为，这是他的作品，笔者认为民研所保存的这本才是真正的原本的可能性很大。

《卡里莱和笛木乃》是一部借飞禽走兽之口教授智慧的寓言故事集，全书充满劝诫和指导的言辞，进行道德教诲的首要对象是君王和有权势者。根据前言所述，该书是 20 多个世纪前印度婆罗门哲学家贝德巴为印度国王大布沙林所撰写的。书中说，印度各族人在废黜马其顿亚历山大大帝委派的国王后，拥立大布沙林为印度王。大布沙林登基后，打了许多胜仗，国家日渐稳定，便骄傲起来，变得暴戾专横、不可一世，令臣民恐惧。朝内一名叫贝德巴的婆罗门哲学家为使国王改邪归正，冒死进谏，力陈治国之道。大布沙林被说服，拜他为相，并遵其教诲秉公执政、善待百姓，终使国泰民安、社稷繁荣。为将事迹流传后世，他托付贝德巴著书立说。一年后，贝德巴写成十五章，以动物故事题材阐述治国处世之道，并以首章《狮子和公牛》中两只胡狼的名字卡里莱和笛木乃为书名。为了点明故事主旨，每一章都采取大布沙林与贝德巴一问一答的方式开篇，因此，这位国王和他的哲学家是贯穿全书的两个重要人物。前言结尾时指出，博学爱才的波斯萨珊王艾努·舍尔旺听说此书后，急派大医师巴尔扎维出使印度，千方百计得到此书，将其收进波斯的宝库。前言之后是《巴尔扎维出使》和《巴尔扎维医生》

丝绸之路上传播的佛经"雁衔龟"故事语言特点研究

两章，前一章叙述了受萨珊王之命的巴尔扎维想方设法从印度获得此书并辛勤地将其译为波斯文的过程。后一章相当于巴尔扎维的传记，介绍了他投师学医、治病救人的一些事迹，以及他对人生的深刻理解。巴尔扎维最后说："就在这样的思想情况下，我抄写了许多印度名著。我抄写了这本书（《卡里莱和笛木乃》），并带着它离开印度，返回故国。"[①]

以上是对流传下来的《卡里莱和笛木乃》成书始末的一些介绍。《卡里莱和笛木乃》的结构是框架式。意思就是，全书有一个总故事，贯穿始终。每一卷各有一个骨干故事，贯穿全卷，这好像一个大树干。然后把许多大故事一一插进来，这好像大树干上的粗枝。这些大故事中又套上许多中、小故事，这好像大树枝上的细枝条。就这样，大故事套中故事，中故事又套小故事，错综复杂，镶嵌穿插，形成了一个迷楼似的结构。本文主要是用拉丁文转写"两雁衔蛙"的故事，并分析其语言上的特点。

现存汉译佛典中载有"雁衔龟"故事者，计有四部，兹依其译出年代分述于下：第一，吴·康僧会译《旧杂譬喻经》卷下（《大正藏》四册）；第二，刘宋·佛陀什、竺道生等译《弥沙塞部和醯五分律》（卷二五云《大正藏》二二册）；第三，唐·义净译《根本说一切有部毗奈耶》（卷二八云《大正藏》二三）；第四，南传巴利文《佛本生经》（又作《佛本生故事》）第二一五则"乌龟本生"（《汉译南传大藏经》三三册）[②]。

这些故事都以"雁衔龟"故事为例，主要情节为飞鸟载乌龟上天，因其中一物开口说话而坠地。随着佛经的翻译和传布，这些故事对中国文学产生影响，在长期口耳相传的过程中被加工改造，从而更加世俗

[①] 中国社会科学院民族学与人类学研究所图书馆：《卡里莱和笛木乃》察合台文版本。
[②] 梁丽玲：《佛经"雁衔龟"故事在中国的传播与影响》，《世界文学评论》2009年第1期。

— 163 —

化，在各地民间故事中产生不同的变化，主要流行在少数民族区域，如蒙古族"爱显示自己的青蛙"、宁夏回族"两个鸭子抬鳖"、青海土族"喜鹊和蛤蟆"、西藏藏族"智慧的青蛙"和"好吹牛的乌龟"[①]，哈萨克族"两只大雁和一只青蛙"等。由于民间故事主要以口头方式传播，难以清楚地说出这则故事在民间最早流传的时间，但依据民间文学的特性，口头文学的流传往往较文字传播的速度快，因此至少可以推定这则故事最晚于15世纪前已在流行。虽然中国少数民族民间有与《卡里莱和笛木乃》相似的故事，但并不能说明这些书籍中所出现的故事是《卡里莱和笛木乃》的变文或译文，中国少数民族通过诸多佛经文献的翻译，完全可以接触到印度民间流传的古老故事。如果从这些故事产生形成的孰先孰后来说，佛教故事自应在《卡里莱和笛木乃》吸取印度古老民间故事以及成书之前，那么，按常理不是佛教故事来自《卡里莱和笛木乃》，而是《卡里莱和笛木乃》利用了佛教故事。这种推断是完全可能的。

察合台文《卡里莱和笛木乃》中的这篇故事来源于印度《五卷书》第一卷《朋友的决裂》篇第十六则《天鹅与乌龟》。《五卷书》第一卷第十六个故事概述如下：有个名叫金部羯哩婆的乌龟，有两个天鹅朋友。它们生活的水池十二年未下雨，它们就商量如何离开水池到另一个有水之地。乌龟出了个主意，让两只天鹅用嘴分别咬住一根棍子的两端，自己咬中间，这样就可飞离水池。天鹅告诫乌龟千万别说话，可是，当它们这样飞过城市上空时，人们惊呼"这两只鸟在天空里拖的是一辆什么车子呀？"乌龟张开嘴说起话来："这些人胡说什么呀？"一张嘴就落到地上摔死了。《卡里莱和笛木乃》概述：池塘里有一对水鸭和乌龟同住。水鸭见水涸草枯，决定搬家，乌龟请求一起搬。水鸭想办

[①] 梁丽玲：《佛经"雁衔龟"故事在中国的传播与影响》，《世界文学评论》2009年第1期。

法，让乌龟咬住一根木棍的中间，它们抓棍两端，在空中飞。乌龟张嘴说话，从空中跌下来摔死了。

诚如吴秋林所说："一只乌龟靠一根木棍和两只天鹅的帮助，居然上了天，又因为不听忠告，或虚荣，或饶舌，从空中掉了下来，这就是此寓言的基本情节。"

从近百年来的发现和研究来看，在伊斯兰教传入之前，佛教和以佛教为标志的文化、文学艺术曾取得很大的发展。尤其是佛教广泛利用民间文学进行传播，故有许多印度民间文学随佛教一同传入新疆并演变成新疆各民族民间文学的组成部分。但是，这一现象在新疆少数民族文学史中还没有充分阐明。

二 影印件、转写与翻译

该文献中"雁衔龟"故事从书的第 133 页末开始，因为书中的第 132～133 页残缺，故事开头少了几行。笔者的转写从第 134 页开始到第 136 页末结束，共有两个半页 52 行。

（1）birliyi hämsayi ni'mät durki nä zamanda anïŋ küdürätïlïɣ
他们经常陪伴彼此，团结一致，任何时候都和睦相处

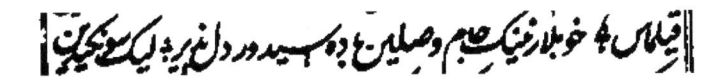

（2）qïlma * ublarnïŋ jam vïalïn bädäsidur ol nadir * likin soŋidin
* 美酒陶醉人的心 * 如果后来

（3） anïŋ hjiranämmadi täkgüsi * kimsä üšbü uandïn bir luqma nan *
没有经受离别的痛苦 * 如果有人在离别的酒桌上吃了一块馕 *

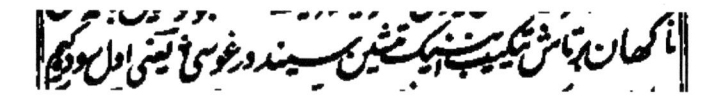

（4） nagahan bir taš tigib anïŋ tišin sunduryusï * yaγni ol suda kim
* 就好比嚼上石块折断他的牙 * 确切地说那个水塘

（5） hayatlarin säbäbi irdi noqan yätti va fahïš täfavatlar äbir boldï
是它们生命的来源，现遭受了破坏，影响了他们过日子

（6） ol iki ba halnïŋ fayïmlädilär vaändin köŋül üzdilar * säfär yašidur
那两只雁预料情况，对家园的未来失去了希望 * 旅行是好事

（7） dur aŋa kim üyidä * ki ändüdin köŋüli bolsa sunüq * ägärä säfär ränjidur

如果有人在家 * 提心吊胆，心情急躁 * 旅途虽然悲痛

（8） kob hiyan * vaanïŋ jafäsi dur anŋdin uluγ * bir γamkin koŋül va
经受苦难 * 但比待在家园遭受困难好 * 于是愁眉苦脸

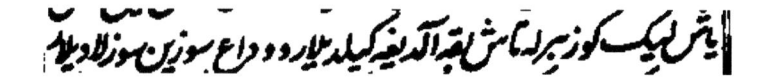

(9) yašlik köz birlä tašbaqa aldïγa kildiläru vädä'sözin sözlädilär
含着眼泪来到了青蛙前面，告诉它们的决心

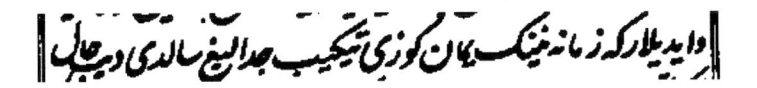

(10) va aydïlar ki zamanïŋ yaman közi tikib judalïγ saldi däb hal
说：厄运落到了我们头上，逼迫咱们就此告别

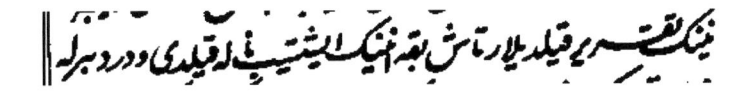

(11) nïŋ laqtar yïr qïldïlar tašbaqa anïŋ ištib nälä qïldï va därd birlä
就这样讲述了目前面临的困难，青蛙听到了这些话，痛苦悲伤着说

(12) färyad qïldï kim bu nämä sözdur maŋa sizlärsiz tiriklik bolur mu
这是什么话，没有你们我怎么能活

(13) yar ümudüm hayat qandγ bolur * tiriklik haram oldu sänsiz maŋa
爱是我的希望，若失去了怎么活，没有了你，生命对我来说是一场灾难

(14) ölüm durki qoymïš ta nam aŋa * ü mänïŋ fïraq aqatï yoqtur tirkilik
我等于死，只是起了个好听的名字叫生活，我忍受不了离别的痛苦

(15) ni tärïqa bolur * sabursiz va ravan közdin olmasun ɣayïb * koŋül täävridin

这日子该怎么延续，不要让我失去耐心，夺走光明，痛苦的心

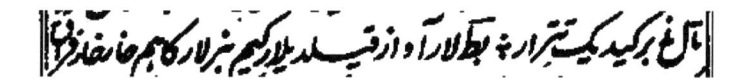

(16) tal bärgidäk titirär * bälar avaz qildilär kim bizlärkä häm harhar firaq

像树叶一样颤抖。大雁们说：我们也是因为离别

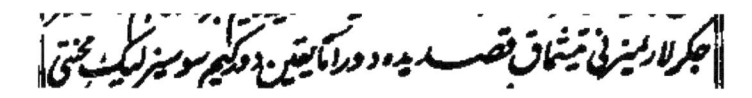

(17) jïkärlärimizni tiyšïmaq qaid yadädur amma yaqïn durkim susuzluq minäti

肝脏被痛苦戳穿正在伤痛。但是我们很快就被干旱折磨

(18) vüjüdïmïznï yoqlïq šamalïya sauryay naar bu yirdän kitämiz * kam birlä

身体会被无水的痛苦浇灌，我们要离开这个糟糕的地方

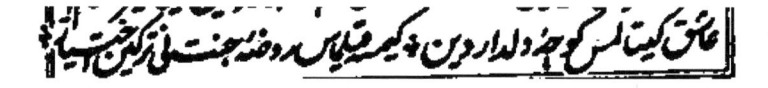

(19) ɣ 'ašïq kitälmäs köä dilbarvayin * kimsä qïlms rav' jännätni tärkin itiyar

人不应该以没有借口，离开爱人。谁也不会自愿放弃天堂

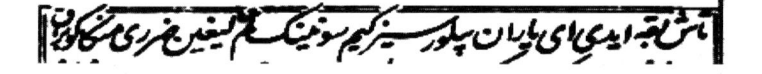

丝绸之路上传播的佛经"雁衔龟"故事语言特点研究

（20）tašbaqa aydï äy yaran bilursiz kim sunïŋ kämligin arari maŋa kobirak

青蛙说朋友们你们知道，如果没有了水，我比谁都痛苦

（21）durur, mäni häm tirklikim susiz bolmas va bu hal obät qadïm aqqï andaγ

我的生命中水是不可缺少的。现在我们交谈的结果应该是这样

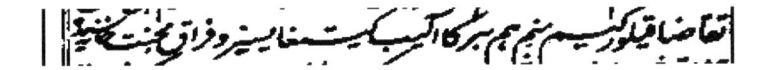

（22）täqäa qïlur kim mäni, häm birka alïb kitrgäysiz va fïraq mïnäthanäsïndä

你们把我也一起带走，不要把我扔在离别的痛苦中

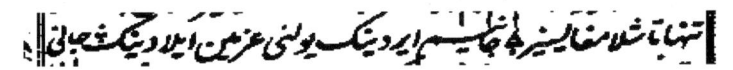

（23）täna tašlamïγaysïz ∗ janim irdiŋ yolini äziz äyladiŋ jani

痛苦中。你是我的命，要是离开我

（24）yoq fäʼhirdä tänni tašladiŋ. balar aydïlar äy dost jran

等于留下了没有命的躯壳。大雁们说，啊，朋友与你离别的

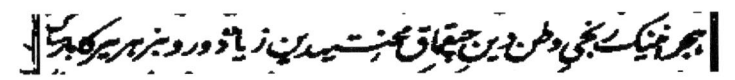

（25）majarnïŋ ränji valandïn iqmah mihnitidin zïyada durur, vä biz här yärgä arsaq

痛苦对我们来说比离开家乡的痛苦还大，我们不管到哪里都想念你

— 169 —

（26）häsïrät birlä otkarurmiz likin közimiz sänsiz hïrä va išimiz tïrä bolur

没有你我们的眼前一片漆黑，事情也会不顺利

（27）va sänï mülaqatiŋdan özgä arïzu yoqtur ama yär yüzidä biznïŋ ayaγ birlä

除了与你早日团圆我们没有别的愿望。但是我们行走

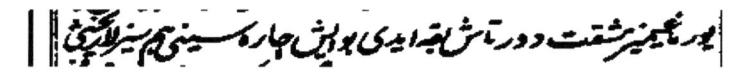

（28）yürmä'miz müšaqatdur tašbaqa aydï bü iš arasini häm sizlär ya ši

在陆地上是很困难的，青蛙说：此事解决的办法

（29）bilürsizlär va män hjiran ayalidin üšïm üqandur nimä laj qïlmaqni

你们知道，我因为离别的痛苦失去了智慧

（30）bilmäs män * kirak dur bir iš ävvälidä hard * šïkästä köŋüldin yitšmäs mädät

想不出可行的方法。如果事前不好好协商，忧伤的心想不出决策

（31）balar aydïlar äy häziz bizlär bu bab dästindä yiŋiklik fim qïlarmïz

啊，亲爱的，大雁们说，我们担心你会草率从事

— 170 —

（32）šayïd bizniŋ dikanimigäamïl qïlmasïŋ, tašbaqa aydï bu qandaɣ bolur ki siz

担心你不按我们说的去做。青蛙说，这是怎么话

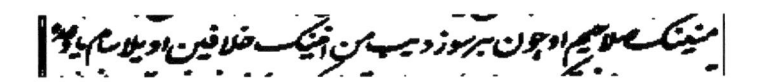

（33）mäniŋ laatïm üün bir söz dib männiŋ hïlafin oylasam ya v'adä

你们为我的前途千计百谋，我承诺了

（34）qïlïb va fa' ä tigürmäsäm ＊ hahidilär qïldïm ki hahidimni ïlafin qïlmayïn

却不违背诺言，我既然答应了就必须

（35）šarlar qïldïm ki šarïmdin tajavïz ïtmäin ＊ bälär didilär šar oldurki säni

去实现，我会按你们的要求去做。大雁们说，我们的要求是这样

（36）kötarip uamiz va sän härgiz sözlamägil va bir kimniŋ naarï bizgä tüšaru bir söz

我们带你飞过天空，你绝对不能开口说话，有人好奇问你话

（37）digäy va täri qïlɣay sän javap qaytarmaɣïl, tašbaqa aydï färmän birä

— 171 —

你都不要理他们，不能回答。青蛙说，我发誓

(38) minhärkiz ikim nä sözigä javap birmigäymin päs alar bir öp tipip kiltürdilar

绝对不会回答任何人问的话。它们找来了一根木棍

(39) va tabaqa ortasïdin m'äkäm tišlädi va bälar iki tärfidin kötärip ütïlar

并让青蛙紧紧地咬着木棍的中间，大雁们咬着木棍的两端飞

(40) na gah bir qïšlaqγa yätüštilar va ol qïšlaq kišiläri bu halni körüb ta'ajjübbäni

就这样它们到了一个村庄。这个村庄的人看见这个情况很好奇

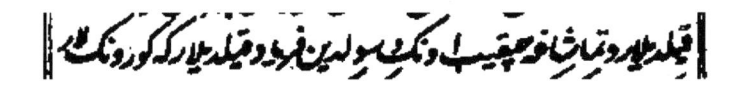

(41) qildilar va tamašaγa ïqïb oŋ va solïdin färyad qïldïlar ki körüŋlär

出来左右围观，大声喊叫

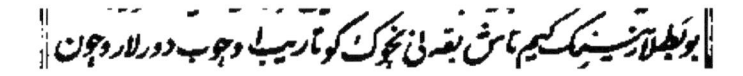

(42) bu balarniŋ kim tašbaqani näük kötärib üüpdürlar va ün

快来看！这些大雁怎么把青蛙带飞了呢

（43）anday alni hikim hümri iirä körmäb irdilär bir zaman γavγa vä γar yularï

一生中也许谁也没见过如此奇怪的事，他们的惊叹声

（44）ziyada bolur irdi tašbaqa bir saa't amuš bolup airu γayräti kilip aqatï

越来越大了。青蛙坚持了一个小时，最后坚持不住，失去了耐心说

（45）aq boldï didi * kür bolγïl gär köralmassän bäzm * dip amaq

搓手顿脚，如果没见过，愿你们都瞎了眼。一开口

（46）häman yoqarïdïn quiγa yiqilmaq häman bälar avaz kötärdilär ki dostlardin

从高处往下跌下去。大雁们喊：如果

（47）din naïat qïlmaq va naïatlardin išti'maq gärä bizlarnïŋ juahlik

朋友忠告你，要听并且要诚恳地接受

（48）yüzisidin nadir bir dukünsindä išti'maq va hamil qïlmaq batï yoq irur

我们都是为了你，不幸你没有听，也不接受

— 173 —

قایدہ برمادی و بوشل قایدہ سی اولدورکه هر کیم دوست لارندین قبول

(49) faydä birmädïva bu missal fayidäsï oldurki bir kim dostlarindin qubul

没用了。这故事对我们说：如果有人不接受朋友的忠告

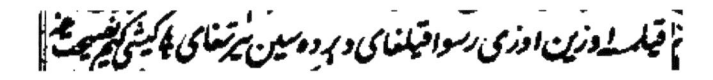

قیلمسا اوزین اوزی رسوا قیلغای و پردہ سین ییرتغای کیشی کیم نصیحت

(50) qilmisä özin özi räsvaqïlɣay va pärdisin yirtqay * kiši kim naïatɣa

糟蹋自己并显出自己丑陋的一面

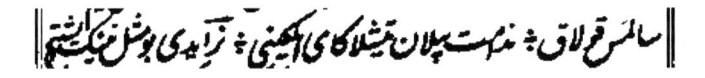

سالمس قولاق ندامت بیلان تیشلاگای بیلکنی

(51) salmas qulaq * nadamät bilän tišlägäy biläkni *

如果有人不听别人忠告，事后懊悔不及

— 174 —

三 完整的影印件

۱۳۵

四 翻译注释

（1）birliki 统一，一致，团结。词根是 birlik + /i/ 第三人称复数附加成分。比较古老的词，最早 birki 的形式出现在《阙特勤碑铭》文献南面第一行 iniygünüm oɣlanïm birki uɣušum bodunum（我的弟弟们，儿子们，结盟的部落们，人民们）。

häm – sayi（波）邻居。ham 波斯语语前缀，表示"一起""全部"等意义。构成 hamtabaq（聚在一起吃饭的人），hamuab（夫妻），hamdarïs（同学）等波斯语词汇。

ni'mät（阿）①食物；②福利，利禄，好事。在《福乐智慧》中频繁出现，如 tözü arzu ni'mät tükäl män yidin（我已经享尽了你的恩赐）（KB/1260）。

küdürät 阿拉伯语借词，表示忧愁，忧伤，悲郁，苦衷，悲痛等意义。

（2）vïal（阿）①相遇、相逢。②容貌、面容。该词最早出现在《福乐智慧》中，如 arala avïtur sävinin vial（有时，欢聚使你心花怒放）（KB6202）。badäsi 词根 bädä（波）酒、露酒 + si 第三人称谓语性人称附加成分，vïal bädäsi 相逢的酒。hjiran（阿）离开，离别，分离。该词最早出现在察合台文献中。

（3）ammari 阿拉伯语借词，卖酒的人或者喝了很多酒的人。词根 ammar+/i/第三人称复数。

Luqma 阿拉伯语量词，一次能带到嘴里的食物量，一块馕或一口水。

（4）agahan（波）不合时宜，突然。词根 nagah + an 波斯语复数附加成分。sïndur - 打碎，破碎。该词在《福乐智慧》中以 sïn - 的形式记载，如：oγul qïz törsä kimäsi sïnur（生下儿女，船会破烂）（KB/3387），词根 sïn - + dur 动词使动语态附加成分。hayatlarin（阿）生存，生命。词根 hayat + lar 复数 + ïn 宾格附加成分。noqan（阿）缺陷，罪过，罪状，损伤。

（5）fahš（阿）剥削，暗恋，迫害。täfavut（阿）两者之间的区别或差异。abir boldï - 词组中 ahir 是阿拉伯语借词，有出现、显露等意义；boldï - 的词根 bol - 有是、成为等意义；dï - 过去时附加成分。

（6）ba（阿拉伯语借词）雁。在《福乐智慧》中"雁"叫 qaz，如：qaz ördäk quγu qïl qalïqïγy tudï（天鹅，野鸭，白鸽，沙鸡布满天空）（KB/72）。säfär（阿）旅行，旅途，游历。

— 178 —

（7）ändü（波）忧虑，惦念，恼怒。ränji（波）艰苦、艰难、受苦。

（8）vaanïŋ 词根 vaan 是阿拉伯语借词，有家乡、祖国等意义；nïŋ 领属格附加成分。jäfasi（阿）磨砺，苦恼，委屈，折磨。γamkin（阿+波）悲伤的，悲哀的。词根 γam（阿）悲伤，悲痛 + gin 波斯语附加成分。

（9）va'dä（阿）承诺，诺言，誓约。最早记载在《福乐智慧》中，如 yimä vadä qïlmïš öküš ädgülük（做出了种种美好的保证）(KB3734)。

（10）judalïγ（波）分开，远离。

（11）yïr 口诵不绝。古老的词，多出现在 14 世纪以前的文献中，如《福乐智慧》中 köŋül bütti yïrlar tilim ülgülüg（我心怀信仰，口诵不绝）(KB4779)。

ištip 听。词根 išit + p 副动词附加成分。

nalä（波）诉哭，愁闷，忧愁。

（12）tiriklik 活的，有生命的。古老词汇，《福乐智慧》中有记载，如 tiriglik tiläsä özüŋ ölmäü（你若想求得永生，万古不朽）(KB/183)。

（13）firaq（阿）分开，分离。

särv（波）柏树。

täävür（阿）思索，思考，默想，想象。

bärg（波）叶子。

（14）jïgärlärimizni（波）肝，肝脏。

qaid（阿）目的，目标，意愿，心肠。

mihnät（阿）困难；艰苦，艰难。

（15）vüjüdïmïznï（阿）生存，存在。词根 vüjud + ïmz + nï。

šamal（阿）微风，和风，清风。

savrur - 浇，浇水，灌溉。

nǎcar（波）无可奈何的，逼迫的，迫不得已的。

kam（波）①盼望，愿望，心愿②好处，益处。

（16）dilbär（波）占领某人心，亲爱的，美丽的。

rav'（阿）愿意，甘愿，情愿。

itiyar（阿）选择。

（17）tašbaqa 蛤蟆。

taš + baqa，古老的词。在《突厥语大词典》中 baqa 用来解释蛤蟆，称乌龟 müŋüz baqa 即源于此。《突厥语大词典》中"taš"有两个意义：①石头；②外面。笔者认为 tašbaqa 应该是颜色像石头一样的灰色，命名为 tašbaqa 指的是"癞蛤蟆"。

yaran（波）朋友的复数形式，朋友们的意思。

arar（阿）损害，危害。

kämligi（波）①缺乏，缺少；②有缺陷的，残废的。词根 käm + lig + i，该词最早出现在 9 世纪佛教文献中。ämlägäli igin kämlärin tïnlïɣlarnïŋ（将要去治动物的疾病与残缺）（Alt 593/14），但《突厥语大词典》中用来解释动物的疾病，如 at kämländi（马病了）（DLTI/338）；《福乐智慧》中也有疾病的意义，如 ol ig käm nä ärmïš ayu birdilär（不知他所患何病，众说纷纭）（KB/1057）。

（18）ubät（阿）商量，交谈，商讨。在《福乐智慧》中有交往、在一起的意思记载，如 tiši birlä ubät idi käd tatïɣ（和妻子待在一起是一种快乐）（KB3508）。

（19）taqaa（阿）需要，想要。

（20）täna（波）独自一人，孤独。

（21）fa'hir（阿）可怜的，不幸的，悲惨的，脆弱的。

（22）ränj（波）烦恼。

ziyadä（阿）多的，许多的。

(23) hasrät（阿）对于失去的一些人或物的想念，渴望再次见到，盼望。

hirä（波）黑暗，无光明。

tïrä（波）黑，黑暗。

(24) mülaqatiŋdan（阿）重逢，相逢，团圆。

arzü（波）希望，愿望。

(25) čarä（波）办法，方法，措施。

(26) ayalidin（阿）妄想，幻想。词根 ayal + i + din 谓语性第三人称附加成分 + 从格。

üšïm（波）①意识，知觉②智慧，才智，头脑。词根 üš + ïm 第一人称单数。

(27) šïkästä（波）损失，损害，危害。

mädät（阿）帮助，援助，扶助。

(28) hämil（阿）①希望，愿望 ②行动，执行③职务，工作。

(29) hilafin（阿）相反的，逆的，对立的，相违背的。

(30) šart（阿）条件，要求。最早出现在《福乐智慧》中，如 bu tüš 'ilmiŋä basqa šartï öküš（圆梦的学问条件不少）（KB/5997）。

täjavüz（阿）侵袭，侵略，袭劫。

(31) učamïz 飞。词根 uč 最早记载于《金光明经》中，如 qüš käyiklär kuvragï bir yïngakdïn yügürürlär učarlar……（ALT/599 - 21）。《突厥语大词典》中有 qus učdï（鸟飞了）（DLTI/163）的形式记载。

kötärip①举，抬，提②运送，搬运。词根 kötär。《福乐智慧》中有 kötür - 的形式记载，如 qamüɣ ädgülärig aɣïr tut kötür（把好人抬高，委以重任）（KB/1455）。

nàzar（阿）注意，留心，用心。

jävap 答复，回答。《福乐智慧》中有 jevab 的形式记载，如 ayïtmaq

— 181 —

oŋay boldï tarsi jevab（提问容易，回答困难）（KB/1907）。

（32）färmän（波）命令，指令，旨意，上谕，命令。

（33）m'äkäm（阿）坚固，巩固，稳固。

（34）qïšlaqγa 农村。在《占卜书》中有 qïšlag "冬宅" 的形式记载，如 qïzïl qaya qïšlagïm（我冬宅的红色路）（IB/50）。《突厥语大词典》中有 qïšlaγ 冬窝子、冬牧场的意思。这个词在谚语中是这样用的："öz köz är qïšlaγ"（有事不求他人帮，犹如自有冬牧场）；"man qïšlaγ"（曼克什拉克，乌古斯地区的一个地名）（DTLI/464）。可见，该词原来的意思是冬宅、冬窝子，该文献词中词义转义表示 "村"。

Tä'jjüb（阿）觉得奇怪，感到惊奇，惊讶。

färyad（波）喊叫，大声喊叫，呼喊。

（35）näcük 怎么，怎么样。最早出现在 9 世纪佛教文献《金光明经》中，有 näcök 的形式记载，如 ämdi näcök qïlayïn tip tidim（我说我该如何做）（ALT/9－13）。《突厥语大词典》中有 näcük 的形式记载，如 näcük bardïŋ（为什么去了）（DLTI/392）。

（36）hümr（阿）生存，生命，一生，生涯。

ičirä 里面，当中；最早出现在《毗伽可汗碑铭》文献中，如 ičrä ašsïz tašra tonsuz yawïz yawlaq bodunta üzä olortum（我成为没有吃饱饭，没有穿的衣服的穷人民的可汗）（KT 东/26）。在 9 世纪的摩尼佛教文献中有 ïčrä 的形式记载；《福乐智慧》中也有 ičrä 的形式记载，如 bolur qaršï ičrä aγcï iši（词库的公务都在宫里）（KB/2791）。

（37）γayräti（阿）下决心，鼓足勇气。

aqatï（阿）耐心，忍耐，耐烦，耐力。

（38）kūr（波）瞎的，瞎眼的。

bäzm（波）众人，大家，群众。

（39）yoqarï 上边，上面，上端。古老词之一，《毗伽可汗碑铭》文献中有 yüɣärü（向上）的形式记载，如 töpösinä tutup yügärü kötürmiš（奉上天举高）（KTš/11）。《福乐智慧》中有 yoqaru 的形式记载，如 qaqïlayu qaynar yoqaru qozï（嘎嘎嘎地叫，上下飞腾）（KB/72）。

（40）naïat（阿）劝告，劝导，规劝。最早记载于《福乐智慧》中，如 naïat kišikä qïlur ol tusu（忠告对于人好处不少）（KB/5295）。

（41）bat（波），最早记载于《福乐智慧》中，如 tuta birsü täŋri bu birlä bat（祝福你权利和幸福长久）（KB/92）。

（42）räsva（波）蒙受耻辱的，内心痛苦的，心情沉重的。

nadïm（阿）遗憾，懊悔，后悔。

（43）biläk（手腕）。古老词之一，9 世纪佛教文献中有 biläk 的形式记载；《突厥语大词典》中有 biläk 的形式记载（DLTI/385）；《福乐智慧》中有 biläk 的形式记载，如 năcä kŭcbiläklig yumïtmïšlarïɣ。此文中 biläk 指的是大拇指 biläknitišlägäy（咬大拇指），有后悔、悔恨的意思。

五　总结

通过转写笔者认为该故事语言上有以下特点。

①文献中有 /a/，/ä/，/i/，/ɪ/，/u/，/ü/，/o/，/ö/ 等 9 个元音，还有 1 个圆唇元音 /e/ 音。/e/ 音在现代很多操突厥语民族语言中已消失，历史上《阙特勤碑铭》和《福乐智慧》中有这个音，可见文献语言保持原始语言的一些特点。

②文献中有 28 个辅音：/b/，/č/，/c/，/d/，/f/，/g/，/ɣ/，/ẖ/，/ḥ/，/o/，/k/，/q/，/l/，/m/，/n/，/ŋ/，/p/，/r/，/s/，/ṣ/，/š/，/t/，/ṭ/，/v/，/y/，/z/，/ż/，/ẓ/。

③文献中出现元音增音现象，如 koŋli < köŋülü，aytb < ayïdïb；辅音中音尾的 /w/ 脱落，如 suw < su；/r/ 辅音有时候脱落，有时候保持，如

birlän < bilän。

④文献中出现的构成实词的词缀有/γï/，加在副词后构成表示"属于"的名词，如 aldïŋγï、ävvälgi；/sïz/加在名词后表示"没有"的形容词，如 süsïzlïγ；/räk/ 加在形容词后表示比较，如 köpäk。

⑤动词构成实词的附加成分有/š/，加在动词后构成动名词，如 kätiš、bariš、käliš，这与现代操突厥语民族语言中构成动名词的/w/附加成分有很大的区别。/ku/ 加在动词后构成名词，如 uyku。/-gŭcï，-kŭci/ 加在动词后构成表示"这行者"的附加成分，如 bildürgüci、qïlγüci。/maq/ 加在动词后构成表示行动的名词，如 bolmaγlïq。

⑥文献中出现的领属人称附加成分有第一人称单数 /-m，-ïm/，如 ümidim、dilim、alim；第一人称复数 /-mïz，umïz/，如 halimizgä；第二人称单数 /-ŋ，-ïŋ/，如 säniŋ；第二人称复数 /-ŋïz，-uŋïz/，如 mühimiŋiz；第三人称单数/-sï，ï/，如 tiši、icigä；第三人称复数/-ïarï/，如 öyläri、żararlarïdïn。

⑦文献中出现的格。领格/-üŋ，-ïŋ/，如 mänïŋ、sözniŋ；宾格/-unï，-nï，-ï/，如 anï、nazarïn；向格/-γa/，如 sözlärigä、üyγä；位格/-da/，如 yärdä、anda；从格/-dan，-dïn/，如 valandïn；方向格/-qarï，-rä/，如 yoqqarï、icrä；助格/-an，-ün/，如 birlän。

⑧文献中出现的代词有 bašqa（别的）、här（每个）、hič（任何）、kimsä（有人，某人），疑问代词有 kim（谁）、nä（什么）。

⑨文献中出现的副词有地点副词 üzrä olurup；时间副词 negah、päs；程度副词 ziyada olur、köpräk olur。

⑩文献中出现的后置词有 birlä、ücün agar、vä、u/ü、ki、kim、häm；复合动词有 bol-、qïl-、äylä-等。除此之外，词汇上保留了很多古老词，除 birlik（一致，团结）、išit（听）、qïšlaq（农村）等外，还大量借入阿拉伯语、波斯语词汇。

参考文献

Gerad Clauson, *An Etymological Dictionary of Pre – Thirteenth Century Turkish*, Cford University Press. Ely House, London 1972.

耿世民：《鄂尔浑—叶尼塞碑铭语言研究》，新疆人民出版社，1995。

郁龙余：《印度文学在中国的传播与影响》，《外国文学》1986 年第 3 期。

余玉萍：《伊本·穆格法对〈五卷书〉的重新解读》，《国外文学》2003 年第 2 期。

艾尼瓦尔·买提赛地：《论古印度民间故事对维吾尔民间故事的影响》，硕士学位论文，喀什师范大学，2007。

赵建国：《〈卡里来和笛木乃〉与〈伊索寓言〉比较研究》，《福建广播电视大学学报》2016 年第 5 期。

梁丽玲：《佛经"雁衔龟"故事在中国的传播与影响》，《世界文学评论》2009 年第 1 期。

附录 1　转写字母表

ا	ب	ت	پ	ج	چ	ح	خ	د	ر
a/ä	b/p	t	p	j		h		d	r

ز	س	ش	ص	ض	ط	ظ	ع	غ	ف
z	s	š					ʿ	γ	f

ق	ك	ل	م	ن	و	ه	لا	ى	ڭ
q	k/g	l	m	n	v/u/ö/ü/o	h/ä	la	y/i/ï	ŋ

附录 2　缩写语

DTL	ATALAY, Besim: Dîvânü Lûgat – it – Türk Tercümesi I – II – III; IV. Endeks, TDK Yay, Ankara, 1943 《突厥语大词典》，何锐、刘静嘉等译，民族出版社，2002
KB	ARAT, Resit Rahmeti, Kutadgu Bilig I Metin, TDK Yay, Ankara, 1999 《福乐智慧》，郑关中、张宏超等译，北京民族出版社，1984
AH	Caferoglu Ahmet, Eski Uygur Türkçesi Sözlügü, Türk Dil Kurumu Yayınları, Ankara 2011
ALT	Kaya Ceval, Uygurca Altun Yaruk, Giris – Metin – Dizin, Türk Dil Kurumu Yaynlar, Ankara 1994

附录 3　荷兰莱顿大学（Hollanda Leiden University）图书馆收藏的 P6269 号版本第一、第二页印影

附录4　乌兹别克斯坦科学院阿布·热依汗·布罗尼东方研究所古籍办公室收藏的 P1130 号版本第一、第二页印影

附录5　中国社会科学院民族学与人类学研究所收藏的版本，第五页印影

达斡尔语海拉尔方言词末弱短元音实验研究

梅 花[*]

摘 要：本文基于"达斡尔语海拉尔方言元音声学参数数据库"，用实验语音学的理论和方法，对元音进行声学分析，通过定量和定性分析确定达斡尔语海拉尔方言词末弱短元音［ə］和［ɨ］的分布格局与音位归属问题。

关键词：达斡尔语海拉尔方言；弱短元音；达斡尔族；音系归纳

一 引言

达斡尔族主要居住在内蒙古自治区呼伦贝尔市、黑龙江省齐齐哈尔市、新疆维吾尔自治区塔城市等地。达斡尔语属于阿尔泰语系蒙古语族，分为布特哈方言、齐齐哈尔方言、海拉尔方言和新疆方言等四种。这四种方言在语音、词汇、语法上具有一定的差异。其中，海拉尔方言使用人数大约为 2 万人，主要分布在内蒙古呼伦贝尔市鄂温克族自治旗。

达斡尔语海拉尔方言元音实验研究中发现有一种由于发音需要而存在的词末短元音，有人用"超短元音"或"词末短元音"等术语命名该元音，本文采用了"词末弱短元音"。在"达斡尔语海拉尔方言元音

---

[*] 梅花，中国社会科学院民族学与人类学研究所博士后，研究方向为实验语音学。

声学参数数据库"中，31%的以辅音结尾的单词词末出现了［ə］和［i̬］两个弱短元音。图1和图2分别为［ɛmtʰə］"味道"和［ɐːʃ］"脾气"两个词的声学语图。可以看出，两个词的词末出现了［ə］和［i̬］两个弱短元音。

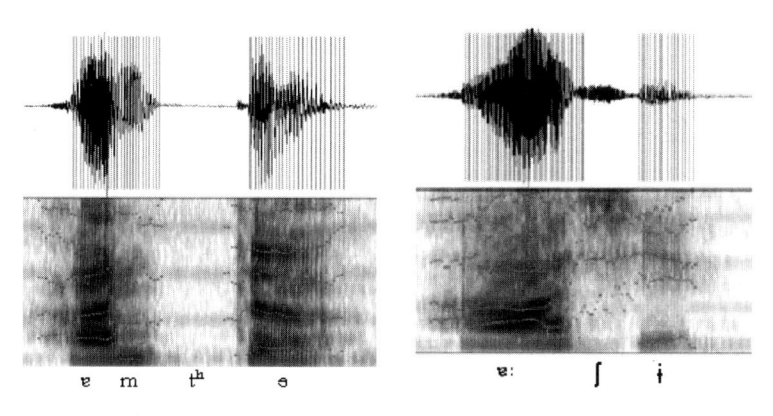

图1 ［ɛmtʰə］（味道）的声学语图　图2 ［ɐːʃ］（脾气）的声学语图

类似现象在蒙古语标准音中也比较多见。有人认为，蒙古语词末弱短元音的一部分是书面语词末短元音的痕迹，但已经弱化并失去区别意义的功能；另一部分是由辅音破裂而产生的，是由发音器官的动作要求而出现的，可以认为是协同发音的一种形式。词末塞音、塞擦音借助这些弱短元音来完成其破裂（除阻过程）。本文基于"达斡尔语海拉尔方言元音声学参数数据库"，用实验语音学的理论和方法，对元音进行声学分析，通过定量和定性分析确定达斡尔语海拉尔方言词末弱短元音［ə］和［i̬］的分布格局和音位归属问题。

二　语料和数据来源

本文数据基于"达斡尔语海拉尔方言元音声学参数数据库"中的一位男发音人。该发音人来自内蒙古呼伦贝尔市鄂温克族自治旗，发音纯正，具有达斡尔语海拉尔方言典型发音特点。语料录制方法：用 IB-MX40 笔记本电脑和 SONY44B 指向性话筒等设备录制于鄂温克族自治旗电视台隔音室。声学分析方法：用 PRAAT 语音分析软件采集弱短元音 F1、F2 的数据，用 EXCEL 完成统计分析，运用 SMA4WIN 画图软件绘制弱短元音声学元音图。

三　结果与讨论

（一）词末弱短元音与非词首音节短元音之间的区别

表 1 为达斡尔语海拉尔方言弱短元音 [ɐ] 和 [ɨ] 的 F1、F2 的共振峰统计表，表 2 是达斡尔语海拉尔方言非词首短元音 [ə] 和 [i] 的 F1、F2 的共振峰统计表。图 3 为弱短元音 [ɐ]、[ɨ] 与非词首短元音 [ə]、[i] 的声学元音图（共振峰均值）比较。从表 1、表 2 和图 3 中可以看出，弱短元音 [ɐ] 的 F1 和 F2 平均值为 F1 = 585Hz、F2 = 1351Hz；[ɨ] 的平均值为 F1 = 390Hz、F2 = 2123Hz。非词首短元音 [ə] 的 F1 和 F2 平均值为 F1 = 491Hz、F2 = 1422Hz；[i] 的平均值为 F1 = 368Hz、F2 = 1938Hz。显然，达斡尔语海拉尔方言弱短元音 [ɐ] 和 [ɨ] 的音值与非词首短元音 [ə] 和 [i] 比较接近，两者的差异性在舌位的前后上，即弱短元音 [ɐ] 和 [ɨ] 的舌位比非词首短元音 [ə] 和 [i] 相对靠后。

达斡尔语海拉尔方言词末弱短元音与非词首音节短元音之间的主要差别有以下几点。①词末弱短元音不是音位，也不是音位变体，没有区别意义和构成音节的作用。②达斡尔语海拉尔方言弱短元音 [ɐ] 和 [ɨ] 的音值与非词首短元音 [ə] 和 [i] 比较接近，两者的差异性在舌位的前后上，即弱短元音 [ɐ] 和 [ɨ] 的舌位比非词首短元音 [ə] 和 [i] 相对靠后。③弱短元音与词首短元音和非词首音节两者相比，

达斡尔语海拉尔方言词末弱短元音实验研究

短元音相对弱、音高低，一般音长较短。例如：[itəkələ]（信任）的词首短元音 [ə] 音长 66ms、音强 68.82dB、音高 145Hz；非词首短元音 [ə] 音长 84ms、音强 74.64dB、音高 212Hz；词末弱短元音 [ə] 音长 187ms、音强 61.57dB、音高 134Hz。

表 1　达斡尔语海拉尔方言弱短元音 [ə] 和 [i] 的 F1、F2 的共振峰

弱短元音	F1		F2	
	范围	平均值	范围	平均值
ə	449～743Hz	585Hz	1218～1691Hz	1351Hz
i	293～452Hz	390Hz	1792～2287Hz	2123Hz

表 2　达斡尔语海拉尔方言非词首短元音 [ə] 和 [i] 的 F1、F2 的共振峰

弱短元音	F1		F2	
	范围	平均值	范围	平均值
ə	339～637Hz	491Hz	1214～1785Hz	1422Hz
i	281～411Hz	368Hz	1765～2188Hz	1938Hz

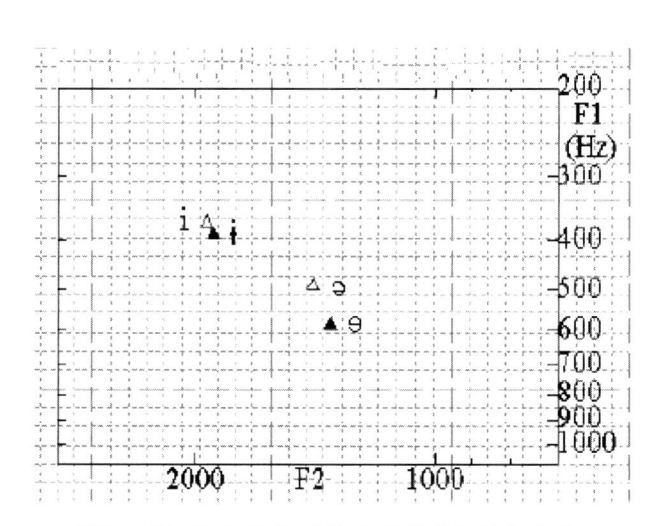

图 3　弱短元音 [ə]、[i] 与非词首短元音 [ə]、[i] 的声学元音图（共振峰均值）比较

（二）弱短元音 [ə] 和 [i] 的出现条件

表3是词末弱短元音前置辅音统计表。从表3中可以看出，达斡尔语海拉尔方言词末弱短元音在清辅音之后出现的次数比浊辅音之后相对多，占比分别为89%和11%；在塞音、塞擦音之后出现的次数比擦音之后的次数多，占比分别为76%和12%；在不送气辅音之后出现的次数比送气辅音之后的次数多，占比分别为30%和25%。

表3 词末弱短元音前置辅音

单位：次，%

前置辅音	n	p	x	k	m	l	s	ʃ	t	tʰ	tʃ	tʃʰ	j	r	总数
出现次数	6	2	16	52	11	5	9	5	49	37	27	25	4	3	251
百分比	2.4	0.8	6.4	20.7	4.4	2.0	3.6	2.0	19.5	14.7	10.8	10.0	1.6	1.1	100.0

四 结论

达斡尔语海拉尔方言词末弱短元音有以下几个特点。

（1）达斡尔语海拉尔方言词末弱短元音与蒙古语词末弱短元音一样，是一种在词末辅音之后出现的普遍现象，由辅音破裂而产生，是因发音器官的动作要求而出现的，可以认为是协同发音的一种形式。

（2）达斡尔语海拉尔方言弱短元音 [ə] 和 [i] 的音值与非词首短元音 [ə] 和 [i] 比较接近，两者的差异性在舌位的前后上，即弱短元音 [ə] 和 [i] 的舌位比非词首短元音 [ə] 和 [i] 相对靠后。

（3）达斡尔语海拉尔方言词末弱短元音在清辅音之后出现的次数比浊辅音之后的相对多，具体比例为89%和11%；在塞音、塞擦音之后出现的次数比擦音之后的次数多，具体比例为76%和12%；在不送气辅音之后出现的次数比送气辅音之后的多，具体比例为30%和25%。

参考文献

仲素纯：《达斡尔语简志》，民族出版社，1982。

拿木四来、哈斯额尔敦：《达斡尔语与蒙古语比较》，内蒙古人民出版社，1983。

呼和：《蒙古语语音实验研究》，辽宁民族出版社，2009。

汉夏契约文书"立契理由"之比较探源

罗海山[*]

摘　要：传统汉文契约文书多写有立契理由，这是儒家"扶弱济贫"观念在民间社会的体现，其本质是儒家的仁政理念。它固然体现了人文关怀，却也破坏了契约本身具有的公正性。与之相反，西夏民间社会受扶弱济贫观念影响较小，西夏契约文书鲜有立契理由，正因如此，它保留了契约关系的公正特征。可以说，这样的契约关系是真正的契约关系，有助于公平交易的顺利进行，也能减少许多不必要的契约纠纷。

关键词：立契理由；扶弱济贫；契约文书

20 世纪初，内蒙古额济纳旗（黑水城）发现了大量历史文献，引起了国内外学界的高度关注。一百年后的今天，这批文献大多已经整理出版，其余正在编辑出版过程中。这批文献多数为宗教文献，其中以佛经为最，少量属于社会文献，其中有数百件契约文书，多数属于西夏时期。甘肃武威地区也有少量的西夏契约文书被发现。两地西夏契约文书合计 700 余件。这些契约文书格式较为统一，内容大同小异，语言也有很大相似度，从中可看出与中原汉文契约有着明显的传承关系。然而，也有一些内容，二者存在一些差异，例如，中原契约文书多数写有立契

---

[*] 罗海山，法学博士，副教授，中国社会科学院民族学与人类学研究所，主要研究方向为西夏经济社会文书。

理由①，而西夏契约文书恰恰相反，基本不存在这样的内容②，二者对比明显。本文即以此类现象为中心，叙述其表现，追溯其渊源，探讨其

---

① 这方面的研究，见洪虹《明以来徽州卖契中卖产原因研究——以〈徽州文书〉为中心》，硕士学位论文，安徽大学，2017；唐红林《中国传统民事契约格式研究》，博士学位论文，华东政法大学，2008，第84~85、125~136页；王旭《契纸千年——中国传统契约的形式与演变》，北京大学出版社，2013，第116、137、167~168页；杨国桢《明清土地契约文书研究》（修订版），中国人民大学出版社，2009，第15、32、42页；阿风《明清时代妇女的地位和权利——以明清契约文书、诉讼档案为中心》，社会科学文献出版社，2009，第97~109页；李祝环《中国传统民事契约成立的要件》，《政法论坛》1997年第6期，第117页；杨廷文《民国新都县土地契约研究》，《地方文化研究辑刊》第9辑，四川大学出版社，2015，第167~168页；高逸云《清代至民国鲁西北房地契约研究——以惠民、乐陵契约为例》，硕士学位论文，河北大学，2014，第45~54页；张姗姗《中国古代契约的互惠性与互助性及其文化解读》，《法制与社会发展》2011年第3期，第83~84页；韩伟、赵晓耕《中国传统契约"原因条款"研究——兼与欧陆民法原因理论之比较》，《北方法学》2014年第6期，第128~139页；刘和惠、张爱琴《明代徽州田契研究》，《历史研究》1983年第5期，第126~131、136页；周绍泉《试论明代徽州土地买卖的发展趋势——兼论徽商与徽州土地买卖的关系》，《中国经济史研究》1990年第4期，第101~102页；张纯宁《变动中的明代后期徽州社会——以徽州散件卖契作为观察视角》，《社会·经济·观念史视野中的古代中国——国际青年学术会议暨第二届清华青年史学论坛论文集》（上），2010年1月，第334~335页；岳纯之《论宋代民间不动产买卖的原因与程序》，《烟台大学学报》（哲学社会科学版）2008年第3期，第45~47页。

② 武内绍人、史金波、汤君、许伟伟、赵彦龙、野村博、刘艳丽、马玲玲都注意到了这种现象，但是论述不多。见〔日〕武内绍人著，杨铭、杨公卫译，赵晓意校《敦煌西域出土的古藏文契约文书》，新疆人民出版社，2016，第136页；汤君《敦煌、黑水城、龙泉驿文献中的土地买卖契约研究》，杜建录主编《西夏学》第10辑，上海古籍出版社，2014，第198页；史金波《西夏粮食借贷契约研究》，《中国社会科学院学术委员会集刊第1辑》（2004），社会科学文献出版社，2005，第191页；刘艳丽《西夏典当制度简论》，硕士学位论文，陕西师范大学，2013，第36、44页；许伟伟《黑城夏元时期契约文书的若干问题——以谷物借贷文书为中心》，《宁夏社会科学》2009年第3期，第96页；马玲玲《西夏契约档案整理与研究》，硕士学位论文，宁夏大学，2014，第36页；赵彦龙《西夏契约成立的要素》，《宁夏师范学院学报》（社会科学版）2007年第5期，第107页；〔日〕野村博《西夏文·谷物贷借文书》，陈健玲译，《固原师专学报》1990年第4期，第72页。

成因，分析其影响。

一 汉夏契约文书中的立契理由

（一）传统汉文契约文书中的立契理由

现存中国最早的契约文书始于汉代，和后世相比，这一时期的契约文书还不完善，只是简单写明了立契时间、交易标的和契尾署名，立契理由、违约责任等事项还不存在。到了南北朝时期，汉文契约文书才真正成熟，基本要素大体具备，契约内容逐渐丰富，但是立契理由仍然空缺。到了唐代，这项内容始出现在契约文书中。从地域上看，唐代契约文书主要出自吐鲁番和敦煌，极个别出自于阗和龟兹等地。数百件吐鲁番文书中，只有1件写有立契理由，《唐高昌张小承与某人换种田地契》："……逐稳便，将上件地……"[①] 这件契约文书没有具体年代，不过有年代的吐鲁番契约文书最晚是在8世纪，这件文书应不会晚于此时。除此之外，尚未发现立契理由条款。可见，吐鲁番契约文书中普遍没有立契理由的书写。敦煌契约文书的年代晚于吐鲁番文书，在8~10世纪。与吐鲁番文书相反，敦煌绝大多数契约都写有立契理由，买卖、借贷、租赁、雇佣、典当等主要契约类别普遍存在此项内容，兹列举典型如下（见表1）。

表1 部分敦煌契约的立契理由

序号	契约名称	立契理由
1	《吐蕃末年（803？）敦煌尼明相卖牛契》	尼明相为无粮食及有债负，今将前件牛出卖与张抱玉

---

① 张传玺主编《中国历代契约粹编》（上），北京大学出版社，2014，第288页。

续表

序号	契约名称	立契理由
2	《唐天宝十三载（754）敦煌道士杨神岳便麦契》	天宝十三载六月五日，龙兴观常住为少种粮，今于□□边直便枝麦捌硕
3	《唐天复四年（904）敦煌令狐法性出租地契》	神沙乡百姓僧令狐法性，有口分地……为要物色用度，遂将前件地捌亩，遂共同乡邻近百姓贾员子商量，取员子上好生绢壹匹……
4	《戊戌年（878?）敦煌令狐安定雇工契》	洪润乡百姓令狐安定，为缘家内欠阙人力，遂于龙勒乡百姓龙聪儿造作一年
5	《后周广顺三年（953）敦煌龙章祐兄弟典地契》	莫高乡百姓龙章祐，弟祐定，伏缘家内窘阙，无物用度，今将父祖口分地两……子共贰亩中半只（质）典已（与）莲（连）畔人押衙罗思朝，断作地价其日见过麦壹拾伍硕

资料来源：张传玺主编《中国历代契约粹编》（上），北京大学出版社，2014，第206、314、298、251、377页。

宋元徽州典卖契约多数都有理由，多为"无钞支用"，元代各种典卖契式以及黑水城契约文书也有类似理由[①]。不仅汉文契约如此，吐鲁番回鹘文契约文书也有立契理由，统一写作"需要开支""需要官布""需要棉布""需要银子""需要土地"等，百余件契约文书中只有几件没写立契理由[②]。元至大元年（1308）十月立法："今后诸军户典卖田宅，先须于官给据，明立问帐，具写用钱缘故。"[③] 明清时期此项内容已经十分普及，成为契约成立之必备条款。不过，因为官版契纸之推广，立契理由十分雷同，多写作"今因正用""今因乏用"等模糊

---

① 张传玺主编《中国历代契约粹编》（上），北京大学出版社，2014，第432~622页；李逸友：《黑城出土文书（汉文文书卷）》，科学出版社，1991，第186~190页。
② 李经纬：《吐鲁番回鹘文社会经济文书研究》，新疆人民出版社，1996。
③ 韩国学中央研究院编《至正条格·条格》卷第26《田令·典卖田产》（校注本），陈高华等点校，韩国学中央研究院，2007，第67页；《通制条格校注》卷第16《田令·典卖田产事例》，方龄贵校注，中华书局，2001，第479页。

语言。

(二) 西夏契约文书中的立契理由

700 余件西夏契约文书中,绝大多数用西夏文写就,汉文契约很少,不超过100件。无论西夏文契约还是汉文契约,都缺乏立契理由。目前只发现1件文书明确写有这类事项。

西夏乙亥年(1215)嵬移功合贷粮契①:

乙亥年二月五日立契人嵬移功合,今因需麦,到持粮阿俄等处,以自斗借一石五斗麦,议定每月一石中当缴一斗半利,□□需要时,借者、相借者及担保者等何人,议定当按本利汇集偿还。本心服。

借麦立契人嵬移功合(押)
相借人子功合犬巴(押)
担保者论□慧照(押)
人耶和京俄山

总体来说,西夏契约文书普遍缺少立契理由,这已经是客观事实。

二 二者差异之原因探析

契约文书是民间私文书,反映百姓的生活日常,是民间社会生活的体现,因其内容的真实性和丰富性而受到学界的高度重视。文书中任何要素的形成都基于一定的现实需要,都具有一定的目的。立契理由的书写也不例外。

居延汉简中的契约文书内容较少,只有寥寥数语,尚不成熟,处于

---

① 张传玺主编《中国历代契约粹编》(上),北京大学出版社,2014,第607页。

发展的早期阶段。

西汉建昭二年（前37）甲渠塞欧威贳卖裘券①：

建昭二年闰月丙戌，甲渠令史董子方买鄣卒欧威裘一领，直七百五十。约至春，钱毕已。旁人杜君隽

西汉元延元年（前12）东海郡师君兄贷钱券②：

元延元年三月十六日，师君兄贷师子夏钱八钱，约五月尽，所子夏若□卿奴□□□□□□丞□时（？）。见者，师大孟、季子叔

汉代居延库卒成更雇工契约③：

张掖居延库卒弘农郡陆浑河阳里大夫成更廿四，庸同县阳里大夫赵勋年廿九，贾二万九千。

其后3~8世纪的吐鲁番文书条款齐备，内容丰富，契约要素大体具备。

高昌延寿五年（628）赵善众买舍地券④：

延寿五年戊子岁三月十八日，赵善众从得［回］伯、范庆悦二人边□□城辛场地中舍地，得回伯右地拾步，即交与银钱肆文；次范悦子边地拾步，与买价钱肆文。钱即日毕，舍地即日付。舍方二人方。东［诣］张□奴分垣，南诣善众场地分垣，西共赵海相坞舍分［垣］，北共张延守坞舍分垣。肆在之内，长不还，短不与；车行人盗（道）依旧通。若后右（有）人河（呵）盗□佲（认名）［者］，仰本主了。三主和同立券。券城［成］之后，各不得反悔。悔者壹罚二入不悔者。民右（有）私要，要行二主，各自署名为信。

---

① 张传玺主编《中国历代契约粹编》（上），北京大学出版社，2014，第32~33页。
② 张传玺主编《中国历代契约粹编》（上），北京大学出版社，2014，第62页。
③ 张传玺主编《中国历代契约粹编》（上），北京大学出版社，2014，第72页。
④ 张传玺主编《中国历代契约粹编》（上），北京大学出版社，2014，第94页。

清（倩）书道人酉□

时见范□□

临坐张师□

唐贞观二十二年（648）高昌索善奴夏田契①：

贞观廿二年十月卅日，索善奴夏孔进渠常田肆亩，要迳（经）……年别田壹亩，与夏价大麦五斛，与……□□到五月内，偿麦使毕；到十月内，偿□〔使〕毕。若不毕，壹月，麦秋壹（斛）上生麦秋壹〔斗〕□。若延引不偿，得□家资，平为麦秋直。若身〔东〕西无者，一仰妻儿及收后者偿了。取麦秋之日，依高昌旧故平袁（圆）□（斛）中取。使净好。若不好，听向风常（扬）取。田中租课，仰田主。若有渠破水□，仰佃……

〔画〕指为信。

田主赵

佃田人索善奴

知见人冯怀助

知见人刘海愿

唐显庆五年（660）天山县张利富举钱契②：

显庆五年三月十八日，天山县南平乡人张利富于高昌县崇化乡人左憧憙边举取银钱拾文，月别生利钱壹文。到左还须钱之日，张即须子本俱还。若身东西不在，一仰妻儿及保人等代。若延□（引）不还，听掣家资杂物，平为钱直。两和立契，画指为信。

钱主

举钱人张利富（画指）

保人　康善获（画指）

知见人

---

① 张传玺主编《中国历代契约粹编》（上），北京大学出版社，2014，第256~257页。
② 张传玺主编《中国历代契约粹编》（上），北京大学出版社，2014，第302页。

汉夏契约文书"立契理由"之比较探源

以上所举数例，均是以旁观者的第三方语气写就。这种立契方式意味着在第三方见证之下，契约交易双方经过讨价还价、平等协商，最终达成协议，并由第三方记录下来。书写契约文书的第三方则处于客观中立的地位，以冷静的心态将所发生的一切记录下来。而8~10世纪的敦煌文书中，这种语气发生了变化。

吐蕃寅年敦煌令狐宠宠卖牛契①：

紫犍牛壹头，陆岁，并无印记。寅年正月廿日，令狐宠宠为无年粮、种子，今将前件牛出买（卖）与同部落武光晖，断作麦汉□（斗）壹拾玖硕。其牛及麦当日交相付了，并无悬欠。如后牛若有人识认，称是寒盗，一仰主、保知（支）当，不忓（干）卖（买）人之事。如立契后在三日内牛有宿疾，不食水草，一任却还本主。三日已外，依契为定，不许休悔。如先悔者，罚麦伍硕，入不悔人。恐人无信，故立私契，两共平章，书指为记。其壹拾玖硕麦内粟三硕。和。

牛主令狐宠宠年廿九（画指）
兄和和年卅四（画指）
保人宗广年五十二（画指）
保人赵日进年四十五（画指）
保人令狐小郎年卅九（画指）

丙子年（916）敦煌王阿吴卖儿契②：

赤心乡百姓王再盈妻阿吴，为缘夫主早亡，男女碎（岁）小，无人求（救）济，供急（给）依（衣）食，债负深圹（广）。今将福（腹）生儿庆德，柒岁，时丙子年正月廿五日，立契出卖与洪润乡百姓令狐信通，断作时价干湿共叁拾石。当日交相分付讫，一无玄（悬）欠。其儿庆德自出卖与（以）后，永世一任令狐信通家□□家仆，不

---

① 张传玺主编《中国历代契约粹编》（上），北京大学出版社，2014，第207~208页。
② 张传玺主编《中国历代契约粹编》（上），北京大学出版社，2014，第221~222页。

许别人论理。其物所买儿斛斗，亦□□。或有恩敕［流］行，亦不在论理之限。官有政法，人从私契。恐后无凭，故立此契，用为后验。

后周广顺三年（953）敦煌龙章祐兄弟典地契①：

广顺参年，岁次癸丑，十月廿二日立契。莫高乡百姓龙章祐，弟祐定，伏缘家内窘阙，无物用度，今将父祖口分地两□子共贰亩中半只（质）典已（与）莲（连）畔人押衙罗思朝，断作地价其日见过麦壹拾伍硕。字（自）今已后，物无利头，地无雇价。其地佃种限肆年内不喜（许）地主收俗（赎）。若于年限满日，便仰地主还本麦者，便仰地主收地。两共对面平章为定，更不计喜（许）休悔。如若先悔者，罚青麦拾驮，充入不悔人。恐后无信，故勒次（此）契，用为后凭。（押）

地主弟龙祐定（押）

地主兄龙章祐（押）

只（质）典地人押衙罗思朝

知见父押衙罗安进（押）

知见人法律福海（知）

唐天复四年（904）敦煌令狐法性出租地契②：

天复四年，岁次甲子，捌月拾柒日立契。神沙乡百姓僧令狐法性，有口分地两□捌亩，请在孟受阳员渠上界。为要物色用度，遂将前件地捌亩，遂共同乡邻近百姓贾员子商量，取员子上好生绢壹匹，长捌；综□壹匹，长贰仗（丈）五尺。其前件地祖（租）与员子贰拾贰年佃种。从今乙丑年，至后丙戌年末，却付本地主。其地内除地子一色，余有所差税，一仰地主祇（支）当。地子逐年于□官员子逞纳。渠河口作两家各支半。从今以后，有恩赦行下，亦不在语（论）说之限。更亲姻

---

① 张传玺主编《中国历代契约粹编》（上），北京大学出版社，2014，第251页。

② 张传玺主编《中国历代契约粹编》（上），北京大学出版社，2014，第298页。

及别称忍（认）主记者，一仰保人祗（支）当，邻近觅上好地充替。一定已后，两共对面平章，更不休悔。如先悔者，罚□□□送纳入官。恐后无凭，立此凭俭（验）。

地主僧令狐法姓（性）
见人吴贤信
见人宋员住
见人都司判官氾恒世
见人［行司判］官阴再盈
见人押衙张
都虞候贞

唐建中三年（782）于阗马令庄举钱契[①]：

建中三年七月十二日，健儿马令庄为急要钱用，交无得处，遂于护国寺僧虔英边举钱壹仟文，其钱每月头分生利□佰文。如虔英自要钱用，即仰马令庄本利并还。如不得，一任虔英牵掣令庄家资牛畜，将充钱直。有剩不追。恐人无，故立私契，两共平章，画指为记。

钱主
举钱人马令庄年廿
同取人母党二娘年五十（画指）
同取人妹马二娘年十二（画指）

敦煌契约中，书写契约的人已经由第三方变成了立契当事人，旁观者客观冷静的记载变成了立契人主观带有感情色彩的述说。这种述说，多数基于生活艰难、衣食无着、费用无措等方面，即订立契约是出于无奈，是没有选择，立契人之间强弱分明。这种书写语气的转换，从此成为固定模式，直至民国也未改变。

[①] 张传玺主编《中国历代契约粹编》（上），北京大学出版社，2014，第323~324页。

当然，这是就契约文书的书写而言，实际情况并不完全如此，写立契约的人不见得就一定是弱势群体，另一方也不见得多强势，契约文书反映的信息不见得是实情。立契人之所以这样书写契约，乃是为了日后契约履行时，甚至交易完成后能够赢得有利地位，占据道德制高点。这背后蕴含的是中国法律传统的扶弱济贫倾向。

这种倾向最初出现在儒者的学说中。《孟子·告子上》："恻隐之心，人皆有之。"在《孟子·公孙丑》中更说"恻隐之心，仁之端也"。孟子认为，人天生就有恻隐之心，这种恻隐之心是仁的内核。恻隐之心，就是同情心，表达的是在他人身处痛苦遭遇时，自己也能感同身受，并对他人产生悲悯、可怜之情[1]。没有恻隐之心，即同情心，孟子认为如同禽兽般"非人也"，因为恻隐之心是人的基本属性，是区别于动物的根本特征之一，是人之所以成为人而非动物的根据[2]。

对弱者的同情是人类的共有特征。弱者不像强者那么具有独立性，人们由此产生对弱者的同情和保护。同情弱者是站在了弱者的立场上，或者说是站在了人类对弱势人群、对自身脆弱一面领悟的基础上[3]。

随着儒家学说的法律化，同情弱者的思想逐渐变成了扶弱济贫的法律传统，这时就不仅仅是同情的心理感受了，而是变成了受法律保护的行为。例如刑法领域，"矜老恤幼"原则在西汉时就被写进了法律，"存留养亲"在清代也有规定。民法方面，历朝历代均有免除官私债负

---

[1] 张建峰：《古代民事司法领域怜贫扶弱现象研究》，硕士学位论文，吉林大学，2011，第23页。

[2] 张建峰：《古代民事司法领域怜贫扶弱现象研究》，硕士学位论文，吉林大学，2011，第22页。

[3] 张建峰：《古代民事司法领域怜贫扶弱现象研究》，硕士学位论文，吉林大学，2011，第22页。

的记载①。司法领域，一些清官循吏在处理民事纠纷时也尽可能照顾到弱势一方②。

在社会治理方面，一些士人也以扶弱济贫为己任要务：

或问图治，以何者为先？曰：天下之患在贫，民贫无以为生，则轻犯法。吾儒身列仕籍，有牧民之责。道在恤民贫而已，能恤民贫，使无犯法，则治矣。

他若立考课以端士习，行保甲以卫民生，访忠节以兴廉耻，养孤贫以恤困穷，是皆利之所当兴者，握其要以图之，庶可收效于万一欤。

悯其孤，怜其贫，法至良，意至美也。

为政之要，当须远嫌疑、罢张设、广闻见、杜谗佞；审情伪，察弊病；示信令，省追呼，戢人吏，抑豪强；拯孤危，奖孝友。③

贫弱之人受到社会的广泛关注，这不可能不影响到契约文书的订立。

契约的订立不代表交易的完成，恰恰相反，是交易的开始，即契约当事人要履行约定的义务，古今中外皆如此。田宅买卖契约中，立契后卖方要交付土地或房屋、过割赋税、缴纳契税，要保证所有权的完整及已经履行了问亲邻的义务；买方要支付价钱。典当契约中，立契后出典人要交付土地或房屋、缴纳契税，到期回赎典物；承典人要支付价款，合理使用典物，到期交回典物。借贷契约中，债务人要到期支付本金或

---

① 霍存福：《敦煌吐鲁番借贷契约的抵赦条款与国家对民间债负的赦免——唐宋时期民间高利贷与国家控制的博弈》，《甘肃政法学院学报》2007年第2期，第1~11页；陈俊强：《皇权的另一面——北朝隋唐恩赦制度研究》，北京大学出版社，2007，第156~158页，等等。

② 张建峰：《古代民事司法领域怜贫扶弱现象研究》，硕士学位论文，吉林大学，2011，第3~20页。

③ 张建峰：《古代民事司法领域怜贫扶弱现象研究》，硕士学位论文，吉林大学，2011，第39页。

借物，并按约定支付利息，并承担到期不偿的责任；出借人要支付本金或借物。租赁契约中，承租人要按约定支付租金，合理使用承租的土地或房屋，并按期交回；出租人要提供房屋或土地。雇佣契约中，受雇人要按照约定从事一定的劳作，雇佣者要按照约定支付雇价。

在以上五种主要的契约类型中，出卖人、出典人、债务人、承租人、受雇人是立契的主要发起人，也是义务的主要承担者、契约的主要履行人。在承担义务、履行契约的过程中，他们面临着巨大的风险。买卖契约中，亲邻的争执、干扰往往导致交易无法进行。典卖契约中，典物出典有无法回赎的风险。借贷契约中，债务人面临着无法偿还债务的风险。租赁契约中，承租人面临着无法按时交纳租金而被剥夺居住房屋或所耕种田地的风险。雇佣契约中，受雇人面临一系列苛刻的义务，有可能无法如约完成。

而且他们多是因贫困而立契，所以在契约关系中，他们是不折不扣的弱势群体。在契约文书中，通过立契理由表明自己的艰难处境，从而赢得广泛的同情，为今后的契约履行、义务承担占得先机，这是立契人的策略选择。这种策略在敦煌契约文书中较为常见，已经成为必备条款，在后世文书也有延续。

这对于弱势一方当然有利，但是对另一方无疑是一种伤害，极不公平。这使得本来"两和立契"的契约关系出现了倾斜，违背了契约关系中的公平公正原则[1]。

民法中的公平，一般是指民事主体应本着社会公认的公平观念从事民事活动，司法机关对民事纠纷进行裁决时，也要体现社会正义及公共

---

[1] 详见霍存福、刘晓林《契约本性与古代中国的契约自由、平等——中国古代契约语言与社会史的考察》，《甘肃社会科学》2010年第2期，第12~16页；霍存福、刘晓林《契约本性与古代中国的契约自由、平等（续）——中国古代契约语言与社会史的考察》，《甘肃社会科学》2010年第3期，第101~105页。

道德的要求。其具体表现就是，民事主体享有的权利和承担的义务具有对应性，不得显失公平。从本质上看，公平原则是道德规范在法律中的反映，是人类长期追求公平正义的结果。判断公平与否，一般来说，应从社会正义的角度，以人们公认的价值观、是非观作为标准，也包括人们公认的经济利益上的"公正""合理"①。

唐中叶以后敦煌契约文书中的立契理由，体现了扶弱济贫的法律传统，而西夏文书的情况则有所不同。尽管与敦煌文书的年代、地点较为相近，西夏契约文书却延续了吐鲁番文书的风格，均是以第三方语气书写的，立契理由的缺失是普遍现象。

天庆寅年（1194）梁老房酉等卖舍地契②：

天庆寅年正月二十九日立契人梁老房酉等，将自属渠尾左渠灌撒十五石种子地，及院舍并树石墓□等，一并卖与普渡寺内粮食经手者梁喇嘛等，议定价六石麦及十石杂粮，价、地两无悬欠。若其地有官私二种转贷，及诸同抄子弟争讼时，老房酉管，喇嘛不管。不仅要依原何价数一石付二石，还要依官府规定罚交三两金。本心服。

四至界所已明确

东与梁吉祥成及官地接　　南与恶恶显盛令地接

西与普刀渠上接　　北与梁势乐娱地上接

有税二石，其中有四斗麦　　日水

情状按文据所列实行

立契者梁老房酉（押）
立契弟老房宝（画指）

---

① 马俊驹、余延满：《民法原论》（上），法律出版社，1998，第61~62页。
② 史金波：《西夏经济文书研究》，社会科学文献出版社，2017，第255页。

> 同立契弟五部宝（画指）
>
> 同知人子征吴酉（画指）
>
> 知人平尚讹山（画指）
>
> 知人㥯㥯现处宝（画指）
>
> 知人㥯㥯显盛令（画指）

天庆寅年（1194）梁功铁贷粮契①：

天庆寅年正月二十九日立契约者梁功铁，今从普渡寺中持粮人梁任麻等处借十石麦、十石大麦，自二月一日始，一月有一斗二升利，至本利相等时还，日期过时按官法罚交十石麦，心服。

> 立契约者功铁（押）
>
> 同立契子般若善（押）
>
> 同立契梁生？（押）
>
> 同立契口㥯口㥯禅定善（押）
>
> 证人平尚讹山（押）
>
> 证人梁生？（押）

天庆寅年（1194）梁老房酉等租地契②：

寅年正月二十九日立契人梁老房酉等，今将普渡寺中梁喇嘛属八石撒处地一块包租，地租二石八斗麦及三石六斗杂粮等议定，日限八月一日当还。日过不还为时，一石还二石。本心服。

> 立契人梁老房酉（押）
>
> 同立契人梁老房茂（押）
>
> 知人平尚讹山（押）
>
> 知人梁老房？（押）

---

① 史金波：《西夏经济文书研究》，社会科学文献出版社，2017，第210页。
② 史金波：《西夏经济文书研究》，社会科学文献出版社，2017，第333~334页。

卜小狗势贷粮押畜契①：

腊月三日，立契者卜小狗势先？？自梁势功宝处借贷五石麦十一石杂共十六石，二全齿公母骆驼、一？齿母骆驼抵押。日期定为九月一日还付。日过不付时，先有抵押骆驼数债实取，无异议。有争议反悔时依官罚交杂粮、麦十五石。

立契者卜小狗势

同立契梁回鹘泥

证人梁？辰戌

光定卯年（1220）播盃犬粪茂受雇契②：

光定卯年腊月五日，立契者播盃犬粪茂，今自愿到为宁离青？处，自正月一日起至十月一日九个月出雇工，力价五石中二石现付，秋上三石，夏衣三丈白布。自己种五斗二升杂粮、三斗麦，明确有。犬粪茂当努力出工。其无谎诈、推诿，若任意往行，忙日旷工时，一日当还二日。工价未所剩遗数十月一日不还给，一石当还二石。谁反悔改口时，按官法罚交五石杂粮，不仅本心服，还依情节按文书所记实行。

立契者犬粪茂（押）

知人千玉吉祥酉（押）

知人麻则犬男（押）

知人杨那证增（押）

与敦煌契约文书相比，西夏文书没有受到儒家扶弱济贫法律传统的影响，也没有融入太多的情感因素，依然保持了契约文书的本质特征——公平。这与西夏时期的社会文化密不可分。

一直以来，人们普遍认为西夏的社会和文化受到了中原儒学的全面深刻影响，儒学主导了西夏的方方面面，政治、教育、文化、民间生

---

① 史金波：《西夏经济文书研究》，社会科学文献出版社，2017，第378页。
② 史金波：《西夏经济文书研究》，社会科学文献出版社，2017，第350~351页。

活……无一不受到儒学的深刻影响①,甚至有研究认为,西夏崇儒之盛,可直追中原王朝②。然而近年来的研究表明,这种论断尚不确切,还有继续探讨的余地。

李华瑞教授认为,"西夏文化的发展呈现两条并行的路径,即在官僚体制及政治文化上鲜明地打着儒家的烙印,而在思想意识、宗教信仰上几乎是佛教的一统天下"③,"从现今传世的被翻译成西夏文的汉文著作和西夏文世俗著作来看,除几部儒家经典之外,绝大多数著作都属于治国方略、兵法、法律等内容的,绝少讨论儒家经学思想的学术著作"④,而就西夏所译《诗经》而论,其中存在"不同程度的误解,有的甚至可以说是严重失误"⑤。

---

① 顾吉辰:《孔子思想在西夏》,《史学集刊》1991年第4期,第32~37页;杨满忠、何晓燕:《从历代孔子谥号看西夏儒学的发展与贡献》,《西夏研究》2015年第3期,第3~9页;姜海军:《辽西夏金元儒学在北方地区的传播及影响》,《华夏文化论坛》(第十六辑) 2016年第2期,第21~29页;刘建丽:《论儒学对西夏社会的影响》,《西北师大学报》(社会科学版) 2000年第3期,第103~106页;刘建丽:《儒学与西夏的封建化》,《中国宝鸡张载关学与东亚文明学术研讨会论文集》,2007,第105~110页;张迎胜:《儒学与西夏文化刍议》,《宁夏大学学报》(社会科学版) 1995年第2期,第25~32页;缪喜平:《西夏仁孝皇帝尚儒浅论》,《西安航空学院学报》2015年第2期,第12~14页;文志勇、崔红芬:《西夏儒学的发展和儒释关系初探》,《西北民族研究》2006年第1期,第33~45页;刘再聪:《西夏时期河西走廊的教育——以儒学和"蕃书"为中心的探讨》,《宁夏社会科学》2005年第9期,第87~91页。
② 李蔚:《略论西夏的儒学》,《兰州大学学报》(社会科学版) 1992年第3期,第108页;孔维京:《碰撞与融合:西夏社会变革中的"孝文化"》,《西夏研究》2017年第2期,第78页。
③ 李华瑞:《论儒学与佛教在西夏文化中的地位》,杜建录主编《西夏学》第1辑,宁夏人民出版社,2006,第26页。
④ 李华瑞:《论儒学与佛教在西夏文化中的地位》,杜建录主编《西夏学》第1辑,宁夏人民出版社,2006,第24页。
⑤ 李华瑞:《论儒学与佛教在西夏文化中的地位》,杜建录主编《西夏学》第1辑,宁夏人民出版社,2006,第23页。

聂鸿音教授的研究也表明，唐宋政治制度曾经被西夏全面接受，但中原的儒家著作和思想观念在西夏并不像人们认为的那样普及。西夏前期的儒家经典只通过汉文本在有限的范围内传播，直到中期才开始有《孝经》《论语》《孟子》的译本作为学校教材。这些教材最初据中原通行本翻译，后来改用了北宋"新经学派"的作品，但是较为浅显，而且有错误。西夏人接受了一些儒家最基本的概念，但知识分子对儒家经典著作的整体理解水平不高，西夏人也没有自己的经典儒学著作。西夏文中没有儒家、儒学，有儒、儒者，但意思是有才能的人。仁宗提倡儒学，封孔子为文宣帝，但是儒学没有深入民间，孔子只是文化符号。目前还没有足够的资料证明西夏存在真正意义上的儒学[1]。

杨翰卿也认为，西夏时期，儒释并存而儒学始终未获一尊，对于儒学的接纳、阐释基本处于浅表层次，其发展水平远远滞后于中原儒学[2]。

上述诸项研究表明，西夏时期儒家思想并未达到两宋的高度，而且影响范围也不同。在国家制度领域影响巨大、贯彻始终，而在民间社会生活领域影响有限，并没有深入西夏人的内心世界，西夏人对儒学的理解和接受并不全面。由此推断，中原儒家学者主张的扶弱济贫思想观念在西夏时期并不流行，并没有得到广泛认可。西夏人还是秉承了传统契约文书的本意——公平，并不借助于契约以外的因素使自己处于有利地位，更多地保留了契约关系中原始朴素的公平和正义。可以说，这样的契约关系是真正的契约关系，有助于公平交易的顺利进行，也能减少许多不必要的契约纠纷。这在中古时期十分难得。

---

[1] 聂鸿音：《中原"儒学"在西夏》，《北方民族大学学报》（哲学社会科学版）2017年第3期，第20~25页。

[2] 杨翰卿：《儒学在西夏党项羌族文化中的地位、特征和局限》，《西南民族大学学报》（人文社会科学版）2016年第1期，第69~73页。

三 余论

吐鲁番契约文书开创、西夏契约文书所秉承的契约传统并没有存续太久。这之后的宋元徽州契约文书、元代黑水城契约文书、回鹘文契约文书，立契理由均大量存在，明清全国各地契约文书也是如此，无论是买卖、典当、借贷、租赁（雇佣契约较少发现，暂且不论）。这样的书写模式意味着儒家扶弱济贫的观念已经深入人心，成为人们的思维定式，也意味着非契约的因素开始在契约之内发挥作用，从此契约的履行变得十分复杂、困难重重、捉摸不定。

案例一：王赵氏先以七百六十金的价格将房屋卖给李积善，随后王赵氏因为焦姓加了一百金而将房屋复卖。尽管司法官认为"买主执理而争，自应以为在前者得业"，但是又考虑到"卖主以情相恳，总愿出钱多者得房。房主是一妇人，因穷卖屋，惟利是视……虽理说不去，而情实可原"，同时"李姓既有多金，何处不可置业何必与贫穷糊涂之妇人争此闲气"，最终判决"此房着听其另卖，前约作为废纸可也"①。

案例二：寡妇贺阎氏称在当铺寄存了三百金，向其讨要，当铺方否认有此事，而寡妇贺阎氏并无契据，按理应当驳回起诉，但是司法官考虑到，当铺老板较为富足，贺阎氏较为贫穷，因此决定"损富益贫"，最终的判决结果是"限当铺三日内交银百两，饬领完案"②。

以上两个案例，王赵氏和贺阎氏并不占理，所作所为也无法律依据，就是因为处于贫弱地位，而赢得了较为理想的诉讼结果。

---

① 张建峰：《古代民事司法领域怜贫扶弱现象研究》，硕士学位论文，吉林大学，2011，第4页。
② 张建峰：《古代民事司法领域怜贫扶弱现象研究》，硕士学位论文，吉林大学，2011，第10~11页。

汉夏契约文书"立契理由"之比较探源

案例三：一位年老的寡妇高姜氏向知县胡学醇控告已故丈夫的弟弟和侄子阻挠自己的土地买卖。对方否认，并申之以高姜氏妄以高于一般的市场价格强卖未果而已。胡知县审理后发现高姜氏确实是捏告，高姜氏曾将土地典于高书行（其夫弟），现在妄图以高价绝卖给高书行父子。胡知县虽然认为，"高姜氏年逾七十，或竟恃老迈，抵死向高书行硬找田价若干"，但考虑高姜氏年老无依，于是说服高书行父子高价购买高姜氏的土地，"向尔通缓急，尔们亦不能不应"①。

此案高姜氏是鳏寡孤独之穷民，而另一方高书行相对较富。从法律的角度来讲高姜氏属于诬控，但司法官胡知县并未追究其罪，反而作为中间人予以调解，要求高书行买高姜氏的房屋以满足其诉求，其根本原因就在于"高姜氏年老无依"②。

案例四：乾隆五十六年（1791）十月，刘应菁将一块粮田活卖予林长标，一个月后因"缺少银两使用"，向买主找银三十四两，立下"找断契"。乾隆六十年（1795）十月，林长标又将此田卖予刘子飞，一个月后找贴，立下找贴断契。嘉庆二年（1797）九月，刘应菁"因手中缺钱使用"，向林长标索贴。林长标虽然两年前卖了此田，还得贴出十元，与刘应菁订下"找断契"，然后于同月向刘子飞找断，言明"向后不得登门索找、索贴"。嘉庆十四年（1809）十二月，林长标之子林胜德因"年迫缺少银两应用"，复向刘子飞亲边找贴断契面银七两整，申明"再不得另生枝节"。嘉庆十五年（1810）十二月，林德胜因"赤贫"，再找刘子飞贴断，才完全和这块土地切断关系③。

---

① 张建峰：《古代民事司法领域怜贫扶弱现象研究》，硕士学位论文，吉林大学，2011，第13页。
② 张建峰：《古代民事司法领域怜贫扶弱现象研究》，硕士学位论文，吉林大学，2011，第14页。
③ 杨国桢：《明清土地契约文书研究》（修订版），中国人民大学出版社，2009，第222页。

活卖价格比绝卖价格低，在绝卖之时要补足二者之差价，可以合理找贴，这符合等价交易原则，但是案例四中的找价，完全是基于贫困，这与契约毫无关系，完全是契约之外的人情因素在起作用，这已经背离了契约关系本身。

这样的例子在明清时期屡见不鲜，尽管这样的做法让传统契约具有了浓厚的人文关怀，却也使得当事人自由协商订立的契约失去了本身的约束力，其公平性人为地遭到了破坏。而西夏时期的契约传统从此成为历史陈迹，再无出现，实为憾事。

图书在版编目(CIP)数据

中国民族学人类学博士后论坛.2018/王延中主编. -- 北京：社会科学文献出版社，2021.8
ISBN 978 - 7 - 5201 - 6228 - 9

Ⅰ.①中… Ⅱ.①王… Ⅲ.①民族学 - 中国 - 文集②人类学 - 中国 - 文集 Ⅳ.①C95 - 53②Q98 - 53

中国版本图书馆 CIP 数据核字（2020）第 028753 号

中国民族学人类学博士后论坛（2018）

主　　编 / 王延中

出 版 人 / 王利民
责任编辑 / 王　展

出　　版 / 社会科学文献出版社
　　　　　　地址：北京市北三环中路甲29号院华龙大厦　邮编：100029
　　　　　　网址：www.ssap.com.cn
发　　行 / 市场营销中心（010）59367081　59367083
印　　装 / 北京玺诚印务有限公司
规　　格 / 开　本：787mm × 1092mm　1/16
　　　　　　印　张：14　字　数：184千字
版　　次 / 2021年8月第1版　2021年8月第1次印刷
书　　号 / ISBN 978 - 7 - 5201 - 6228 - 9
定　　价 / 66.00元

本书如有印装质量问题，请与读者服务中心（010 - 59367028）联系

▲ 版权所有 翻印必究